한국 한자음으로 쉽게 배우는

일본
상용한자

정현혁 저

제이앤씨
Publishing Company

일본어를 학습함에 있어서 한자학습은 빼 놓을 수 없는 부분 중의 하나이다. 때문에 일본어학습자는 한자를 열심히 공부하지만 효과적인 학습을 하지 못하여 일본어 한자학습을 그만두는 경우도 나타나고 있다.

이에 본서는 한국 한자음을 이용하여 가장 효과적으로 일본 상용한자의 음을 습득할 수 있는 방법을 제시하였다. 예를 들어 "한국어 초성자음[ㄱ]이 들어가는 상용한자" 중에 한국어 "개"로 발음되는 일본 상용한자를 음독(音読)하여 모두 제시하여 배열하면 [カイ], [ガイ], [カ], [コ]이며 여기에 해당하는 일본 상용한자는 각각 [カイ: 介(끼일), 改(고칠), 皆(모두), 開(열)], [ガイ: 慨(분개할), 概(概)(대개), 蓋(덮을)], [カ: 箇(낱)], [コ: 個(낱)]가 됨을 알 수 있다. 이 방법을 이용하면 [끼일 개]자부터 [열 개]자까지를 일본어의 음으로는 [カイ]로 읽는다고 하여 한꺼번에 외울 수 있게 된다. 또한 큰 의미에서 일본 상용한자 중에 한국어 [개]로 읽히는 한자는 カ행 또는 ガ행으로 읽혀진다는 것도 알 수 있다. 이 부분을 동시에 외워나가는 식으로 일본 상용한자를 한국어 음에 대응시켜 효과적으로 습득해 나갈 수 있다. 또한 한자마다 한국어의 뜻과 음도 같이 제시하여 한국어의 한자학습도 가능하게 하였다.

이런 식으로 1과부터 12과까지의 학습이 끝나면 일본어 한자 학습자는 일본 상용한자 2136자의 음을 마스터할 수 있도록 구성하였다.

1과부터 12과까지의 구성은 각 과마다 우선 [한자음독강의], [동자이음한자], [단어학습]을 하고, 여기에서 제시되었던 한자를 이용한 [문제]를 8개의 유형으로 제시하였다. 8개 유형의 문제는 한자 및 한어 음독 문제, 한자의 훈독 문제, 한자의 부수 찾기 문제, 한어 구성 문제, 사자성어 문제, 오자정정 문제 등이며 이 문제는 일본에서 실시하고 있는 공인일본한자능력검정시험 대비도 할 수 있도록 하였다. 13과에서는 다른 과와는 달리 상용한자표 부표를 이용한 다양한 문제풀이와 단어학습을 하도록 구성하였다.

뿐만 아니라 각 과마다 [쉬어가기] 코너를 마련하여 현재 문제가 되는 일본어 표현에 대한 지식을 얻을 수 있도록 하였다. 또한 [미니상식] 코너를 마련하여 한자에 대한 다양한 기본상식을 늘릴 수 있도록 꾀하였다.

본서가 일본어 한자학습에 어려움을 겪는 일본어 학습자들에게 도움이 되기를 바라며 독자 여러분의 기탄없는 비판과 의견을 바란다.

끝으로 본서가 출판되기까지 노고를 아끼지 않으신 도서출판 제이앤씨의 윤석현 사장님께 심심한 감사를 드린다.

2025년 2월 이문동 연구실에서

정현혁 씀

목차

한국어 초성자음 [ㄱ]이 들어가고 받침이 없는 상용한자

I. 학습목표

이 과에서는 일본 상용한자 2136자 중 한국어 초성자음 [ㄱ]이 들어가고 받침이 없는 한자를 대상으로 한자의 음독, 훈독연습을 비롯해 다양한 문제를 풀어본다. 또한 일본 상용한자에 제시된 훈을 단어학습을 통해 세밀하게 학습한다.

이렇게 함으로써 일본 상용한자에 익숙해 짐과 동시에 일본에서 실시하는 공인일본한자능력검정시험 대비도 할 수 있도록 한다.

II. 한자음독강의

앞으로 일본 상용한자의 음독연습을 함에 있어서 외우는데 도움을 주기 위하여 한자 뒤에 뜻을 달았으니 적극 활용하기 바란다. 한자 뒤의 ( ) 안에 쓰여진 한자는 구자체를 의미한다.

여기에서는 일본 상용한자 중 한국어 초성자음 [ㄱ]이 들어가고 받침이 없는 한자음을 한국과 일본의 한자음의 대응관계를 통해 알아본다.

가 カ 　加(더할), 可(가능할), 佳(아름다울), 価(價)(값), 架(시렁), 嫁(시집갈), 暇(겨를), 歌(노래), 稼(심을), 苛(매울)

カ/ケ 　仮(假)(거짓), 家(집)

例 仮装(カソウ) 가장 / 仮病(ケビョウ) 꾀병

家屋(カオク) 가옥 / 本家(ホンケ) 본가

ガイ/カイ　街(거리)

例 街頭(ガイトウ) 가두 / 街道(カイドウ) 가도

개　カイ　介(끼일), 改(고칠), 皆(모두), 開(열)

ガイ　慨(분개할), 概(槪)(대개), 蓋(덮을)

カ　箇(낱)

コ　個(낱)

거　キョ　巨(클), 居(거할), 拒(거부할), 挙(擧)(들), 距(떨어질)

キョ/コ　去(갈), 拠(據)(의지할)

例 除去(ジョキョ) 제거 / 過去(カコ) 과거

根拠(コンキョ) 근거 / 証拠(ショウコ) 증거

게　ケイ　揭(揭)(기록할), 憩(쉴)

계　ケイ　系(이을), 係(걸릴), 契(맺을), 計(꾀), 啓(열), 渓(溪)(계곡),
継(繼)(이을), 鶏(鷄)(닭), 稽(생각할)

カイ　戒(경계할), 界(지경), 械(형틀), 階(섬돌)

キ　季(끝)

고　コ　古(옛), 固(굳을), 故(옛), 枯(메마를), 庫(창고), 雇(고용할),
鼓(북), 顧(회고할), 股(넓적다리), 錮(땜질할), 孤(외로울)

コウ　高(높을), 稿(원고), 考(생각할)

ゴウ　拷(칠)

コク　告(알릴)

ク　苦(괴로울)

과　カ　寡(적을), 果(과실), 科(과정), 菓(과일), 課(매길), 過(지날)

コ　誇(자랑할)

괴	カイ	塊(덩어리), 怪(괴이할), 拐(속일), 壊(壞)(무너질)
교	キョウ	橋(다리), 矯(바로잡을), 教(敎)(가르칠)
	コウ	交(사귈), 巧(공교로울), 校(학교), 絞(목맬), 郊(들)
	カク	較(비교할)
구	キュウ	丘(언덕), 救(구원할), 求(구할), 球(공), 究(연구할), 旧(舊)(옛), 臼(절구)
	キュウ/ク	久(오랠), 九(아홉)

예 永久(エイキュウ) 영구 / 久遠(クオン) 구원

九百(キュウヒャク) 구백 / 九月(クガツ) 구월

	コウ	拘(거리낄), 構(얽을), 溝(붓도랑), 購(구할), 勾(굽을)
	コウ/ク	口(입)

예 人口(ジンコウ) 인구 / 口伝(クデン) 구전

	ク	句(글귀), 区(區)(구역), 駆(驅)(몰)
	グ	具(갖출), 懼(두려워할)
	オウ	欧(歐)(토할), 殴(毆)(때릴)
궤	カイ	潰(무너질)
	キ	机(책상), 軌(수레바퀴)
귀	キ	貴(귀할), 鬼(귀신), 帰(歸)(돌아올), 亀(龜)(거북)
규	キュウ	糾(꼴)
	キョウ	叫(부르짖을)
	キ/ギ	規(법)

예 規則(キソク) 규칙 / 定規(ジョウギ) 자

기	キ	企(꾀할), 基(기초), 奇(기이할), 寄(부칠), 岐(갈림), 幾(기미), 忌(꺼릴), 旗(깃발), 棋(바둑), 棄(포기할), 機(베틀), 汽(김), 紀(벼리), 記(기록할), 起(일어날), 飢(飢)(굶주릴), 騎(기마), 器(器)(그릇), 祈(祈)(빌),

既(既)(이미), 伎(재주), 畿(경계)

キ/ゴ 期(기약할)

예 期待(キタイ) 기대 / 最期(サイゴ) 최후, 임종

キ/ケ 気(氣)(기운)

예 気候(キコウ) 기후 / 気配(ケハイ) 기운

ギ 技(재주), 欺(속일)

キ/コ 己(몸)

예 知己(チキ) 지인 / 自己(ジコ) 자기

ゴ 碁(바둑)

정리

1. 한국어 초성자음이 [ㄱ]이고 받침이 없는 한자음은 일본 한자음에서 대부분 カ行이고 일부분이 ガ行(ア行)이다. ア行의 경우는 欧(토할 구), 殴(때릴 구)뿐이기 때문에 외워둘 필요가 있다.

2. 일본 상용한자 중에서 한국어 초성자음이 [ㄱ]이고 받침이 없는 [거] [괴] [귀] [기]는 1음절로만 읽혀진다.

Ⅲ. 동자이음한자(同字異音漢字)

仮装(<u>カ</u>ソウ) 가장 ‖ 仮病(<u>ケ</u>ビョウ) 꾀병

家屋(<u>カ</u>オク) 가옥 ‖ 本家(ホン<u>ケ</u>) 본가

街頭(<u>ガ</u>イトウ) 가두 ‖ 街道(<u>カ</u>イドウ) 가도

除去(ジョ<u>キョ</u>) 제거 ‖ 過去(カ<u>コ</u>) 과거

根拠(コン<u>キョ</u>) 근거 ‖ 証拠(ショウ<u>コ</u>) 증거

永久(エイ<u>キュウ</u>) 영구 ‖ 久遠(<u>ク</u>オン) 구원

九百(**キュウ**ヒャク) 구백 ‖ 九月(**ク**ガツ) 구월

人口(ジン**コウ**) 인구 ‖ 口伝(**ク**デン) 구전

規則(**キ**ソク) 규칙 ‖ 定規(ジョウ**ギ**) 자

期待(**キ**タイ) 기대 ‖ 最期(サイ**ゴ**) 최후, 임종

気候(**キ**コウ) 기후 ‖ 気配(**ケ**ハイ) 기운

知己(**チキ**) 지인 ‖ 自己(ジ**コ**) 자기

▭ IV. 단어학습

加える	くわえる	더하다	価	あたい	가치
嫁ぐ	とつぐ	시집가다	暇	ひま	겨를
稼ぐ	かせぐ	벌다	改める	あらためる	고치다
蓋	ふた	뚜껑	拒む	こばむ	거부하다
掲げる	かかげる	내걸다	憩い	いこい	쉼
契る	ちぎる	맺다	継ぐ	つぐ	잇다
戒める	いましめる	훈계하다	故	ゆえ	까닭
枯れる	かれる	마르다	雇う	やとう	고용하다
鼓	つづみ	북	顧みる	かえりみる	회고하다
股	また	넓적다리	苦い	にがい	씁쓸하다
果てる	はてる	다하다	過つ	あやまつ	실수하다
誇る	ほこる	자랑하다	塊	かたまり	덩어리
怪しい	あやしい	수상하다	壊す	こわす	무너뜨리다

矯める	ためる	교정하다	交わす	かわす	교환하다
巧み	たくみ	교묘함	絞る	しぼる	짜다
球	たま	공	究める	きわめる	깊이 연구하다
臼	うす	절구	構う	かまう	관계하다
溝	みぞ	도랑	駆ける	かける	뛰다
殴る	なぐる	때리다	潰す	つぶす	부수다
叫ぶ	さけぶ	부르짖다	企てる	くわだてる	기도하다
基	もとい	기초	忌まわしい	いまわしい	꺼림칙하다
旗	はた	깃발	機	はた	베틀
記す	しるす	기록하다	飢える	うえる	굶주리다
祈る	いのる	빌다	技	わざ	재주
欺く	あざむく	속이다	己	おのれ	자기자신

◦ V. 문제

1. 가타카나로 제시된 음과 <u>다르게</u> 읽히는 한자를 고르세요.

 1) カ   ① 苛   ② 街   ③ 嫁   ④ 寡

 2) キ   ① 規   ② 鬼   ③ 机   ④ 欺

 3) ク   ① 具   ② 区   ③ 句   ④ 駆

 4) コ   ① 枯   ② 雇   ③ 顧   ④ 拷

 5) カイ   ① 慨   ② 介   ③ 皆   ④ 開

 6) ケイ   ① 憩   ② 啓   ③ 戒   ④ 鶏

 7) コウ   ① 稿   ② 購   ③ 殴   ④ 巧

 8) キュウ ① 丘   ② 拘   ③ 求   ④ 球

9) キョ   ① 居   ② 距   ③ 巨   ④ 個

10) キョウ   ① 較   ② 橋   ③ 矯   ④ 教

2. 가타카나로 제시된 음과 <u>다르게</u> 읽히는 한어를 고르세요.

1) カイジョウ   ① 開場   ② 塊状   ③ 街上   ④ 階乗

2) カガク   ① 科学   ② 歌学   ③ 家学   ④ 価格

3) キコウ   ① 機構   ② 気候   ③ 寄稿   ④ 技巧

4) クチョウ   ① 愚衷   ② 口調   ③ 区長   ④ 句調

5) コウショウ   ① 交渉   ② 考証   ③ 豪商   ④ 口承

쉬어가기

「彼が{牽引者 vs. 牽引車}となって業界を引っ張ってきた」、どっち?

「牽引車」が正しい。「牽引車」は、荷物を積んで車両を引っ張る機関車のこと。転じて、大勢の先頭に立って行動する人の意でも使われる。人であることから、「牽引者」の表記も近年見られるが、誤り。ちなみに「指南車(＝古代中国の車。指針となるもの)」も、「指南者」と書くのは慣用になじまず、不適切。

(北原保雄編『問題な日本語 その4』による)

---

3. 아래의 밑줄 친 부분의 한어를 어떻게 읽는지 괄호 안에 히라가나로 써 넣으세요.

1) 彼は目標達成のために、昼夜を問わず努力し、<u>苦行</u>の毎日を送った。(   )

2) 人工衛星は地球の周りを一定の<u>軌道</u>で回っている。(   )

3) この図書館の蔵書は<u>寡少</u>で、探している本が見つからないことが多い。(   )

4) <u>告訴</u>を取り下げたいのですが、どうすればいいでしょうか。(   )

5) 彼は人混みを<u>忌避</u>する傾向がある。(   )

6) 茶道の<u>稽古</u>は心を落ち着かせる。(   )

7) 彼は歯並びが悪いので、<u>矯正</u>治療を受けている。(   )

8) 開会式で、わが校の<u>旗手</u>を務めることになった。(   )

9) シュバイツァー博士は医師の<u>亀鑑</u>ともいうべき人物だ。(　　　　　)

10) ルソーは、18世紀のフランスの<u>啓蒙</u>思想家である。(　　　　　)

4. 다음 밑줄 친 부분의 한자표기어를 어떻게 읽는지 괄호 안에 히라가나로 써 넣으세요.

1) これは自主的発展の芽を<u>潰す</u>ことになりかねない。(　　　　　)

2) 発展途上国では、多くの人々が食糧に<u>飢え</u>ている。(　　　　　)

3) 彼は、試験に合格したら、彼女と旅行に行くことを<u>契った</u>。(　　　　　)

4) 会社は新しい社員を<u>雇う</u>予定だ。(　　　　　)

5) 田中さんは取引先の要求を<u>拒む</u>つもりだ。(　　　　　)

6) 今年の夏は暑すぎて、庭の花がみんな<u>枯れ</u>そうだ。(　　　　　)

7) 敵は、我々の城を陥落させることを<u>企て</u>ている。(　　　　　)

8) 私たちは、このプロジェクトの成功を<u>誇り</u>に思っている。(　　　　　)

9) 畑には水が溜まるのを防ぐための<u>溝</u>が掘られている。(　　　　　)

10) 子供に危険な遊びをしないように<u>戒める</u>。(　　　　　)

한자 "山"에는 mountain이라는 의미가 포함되어 있다. 이 "山"이 다른 한자와 함께 일본에 전해졌을 때, 원래 일본어에 있던 mountain에 상당하는 말, 즉 원래부터 일본에 존재했던 고유어인 やまとことば인 "야마"와 연결되었다. 사물과 관념의 차이를 넘어 "山"이라는 한자는 원래의 음인 "산(サン)"이외에 "야마"로도 읽혀지게 되었다. 이리하여 훈독이 생겨나게 되었다.

이 훈독은 5세기부터 6세기경 한자가 본격적으로 전파되면서 생겨난 것으로, "한자를 원래 한자어가 아닌 말로 읽는 것"이며, "한자에 부여된 각각의 읽는 방법"을 의미한다. 일본에서 훈독이란 통상 한자의 의미에 대응하는 고유일본어를 말한다.

고분시대로부터 스이코(推古)천황 때에 걸쳐 한자를, 말을 표기하는 문자로 충분히 인식하는 사람들이 나타나기 시작했다.

예를 들어 『宋書』和国伝에 나오는 왜왕 "武"의 上表文(478年)을 보면 동쪽의 "毛人"이라는 표현이 나온다. 이것은 털이 많은 사람을 가리키는 것으로 "モウジン", "えみし・えびす", "けひと" 등으로 읽혀졌을 것으로 추측된다.

推古천황 15년(607)경에는 法隆寺의 金堂薬師如来像에 "薬師像作"라는 문구가 보인다. 한문훈독에 따르면 "作薬師像"가 되어야 하는데 "やくしぞうをつくる"와 같이 일본어의 어순에 따라 배열되어 있다. 이것을 통해 조선의 "誓記体"처럼 한자가 고유어로 훈독되었음을 엿 볼 수 있다.

『万葉集』에 이르러서는 詩를 쓰기 위한 여러 방식 안에서 다수의 훈독이 사용되었다. 그 중 柿本人麻呂 등에 의해 만들어진 나라시대 이전의 古歌에 이미 훈독이 나타났으며 만요가나 중에도 훈독이 활용되었다. 그 밖에 なつかし라는 고유일본어를 "夏樫"와 같이 훈독의 발음을 이용하여 표기하는 것도 나타났는데, 이를 통해 이 시점에서 훈독이 응용될 만큼 정착되었음을 짐작할 수 있다.

(笹原宏之著 『訓読みのはなし』에 의함)

5. 다음 한자의 부수를 예에서 찾아 기호로 답하세요.

> **例**
>
> ア. 石(いし)　　イ. 日(ひへん)　　ウ. 行(ぎょうがまえ)
>
> エ. 口(くち)　　オ. 車(くるまへん)

　　1) 暇(겨를 가)　　　　(　　　)

　　2) 街(거리 가)　　　　(　　　)

　　3) 器(그릇 기)　　　　(　　　)

　　4) 較(비교할 교)　　　(　　　)

　　5) 碁(바둑 기)　　　　(　　　)

6. 다음 한어의 구성이 예의 ア~オ 중에 어느 것에 해당하는 지 하나를 골라 기호로 답하세요.

> **例**
>
> ア. 同じような意味の漢字を重ねたもの(岩石)
>
> イ. 反対または対応の意味を表す字を重ねたもの(高低)
>
> ウ. 前の字が後ろの字を修飾しているもの(洋画)
>
> エ. 後ろの字が前の字の目的語・補語になっているもの(着席)
>
> オ. 前の字が後ろの字の意味を打ち消しているもの(非常)

　　1) 媒介ばいかい　　(　　　)

　　2) 起伏きふく　　　(　　　)

　　3) 棋譜きふ　　　　(　　　)

　　4) 棄権きけん　　　(　　　)

　　5) 危惧きぐ　　　　(　　　)

7. 다음 괄호 안에 두 글자 한어를 넣어 사자성어 한어를 완성시키세요.

　　1) (　　　　　)一転 [気持ちがすっかり変わること]

　　2) (　　　　　)玉条 [非常に大切な法律・規律]

3) 群雄(　　　　) [英雄たちが対立すること]

4) (　　　　)盛衰 [栄えることと衰えること]

5) 門戸(　　　　) [制限をなくし自由に出入りすること]

8. 다음 문에는 동일한 일본한자음이지만 틀리게 사용된 한자가 한 자 있습니다.
   왼쪽 괄호에는 잘못 사용된 한자를, 오른쪽 괄호에는 올바른 한자를 써 넣으세요.

   1) カロリーの果剰な摂取はよくない。 (　　　) (　　　)

   2) 最先端の技術を苦使して劇場が建設された。(　　　) (　　　)

   3) ユーロは欧州連合加盟国の通価だ。 (　　　) (　　　)

   4) 地球基模での環境破壊が進んでいる。(　　　) (　　　)

   5) 原校用紙のます目を一つ一つ埋めていく。(　　　) (　　　)

Ⅵ. 정리하기

▌일본 상용한자 2136자중 한국어 초성자음 [ㄱ]이 들어가고 받침이 없는 한자음

- 한국어 초성자음이 [ㄱ]이고 받침이 없는 한자음은 일본 한자음에서 대부분 カ行으로 읽히고 일부분이 ガ行(ア行)으로 읽혀진다.
- 한국어 초성자음이 [ㄱ]이고 받침이 없는 [거] [과] [귀] [기]는 1음절로만 읽혀진다.

한국어 초성자음 [ㄱ] [ㄲ]이 들어가고 받침이 있는 상용한자

제2과

Ⅰ. 학습목표

이 과에서는 일본 상용한자 2136자 중 한국어 초성자음 [ㄱ] [ㄲ]이 들어가고 받침이 있는 한자를 대상으로 한자의 음독, 훈독연습을 비롯해 다양한 문제를 풀어본다. 또한 일본 상용한자에 제시된 훈을 단어학습을 통해 세밀하게 학습한다.

이렇게 함으로써 일본 상용한자에 익숙해 짐과 동시에 일본에서 실시하는 공인일본한자능력검정시험 대비도 할 수 있도록 한다.

Ⅱ. 한자음독강의

일본 상용한자의 음독연습을 함에 있어서 외우는데 도움을 주기 위하여 한자 뒤에 뜻을 달았으니 적극 활용하기 바란다. 한자 뒤에 또 한 자의 한자가 이어지는 경우 전자가 약자체 후자가 정자체를 의미한다.

여기에서는 일본 상용한자 중 한국어 초성자음 [ㄱ] [ㄲ]이 들어가고 받침이 있는 한자를 한국과 일본의 한자음의 대응관계를 통해서 학습한다.

● **일본 상용한자 중 한국어 초성자음 [ㄱ] [ㄲ]이 들어가고 받침이 ㄱ인 한자음**

| 각 | カク | 各(각각), 角(뿔), 閣(누각), 覚(覺)(깨달을), 殻(殻)(껍질) |
| | キャク | 却(물리칠) |

	キャク/キャ	脚(다리)
		예 脚本(キャクホン) 각본 / 脚立(キャタツ) 八자 모양의 사다리
	コク	刻(새길)
객	キャク/カク	客(손님)
		예 乗客(ジョウキャク) 승객 / 主客(シュカク) 주객
격	ゲキ	激(부딪칠), 撃(擊)(칠)
	カク/コウ	格(격식)
		예 性格(セイカク) 성격 / 格子(コウシ) 격자
	カク	隔(막을)
곡	コク	谷(계곡), 穀(穀)(곡식)
	キョク	曲(굽을)
곽	カク	郭(외성)
국	キク	菊(국화)
	キョク	局(판)
	コク	国(國)(나라)
극	ゲキ	劇(심할), 隙(틈)
	コク	克(이길)
	キョク/ゴク	極(다할)
		예 極限(キョクゲン) 극한 / 極上(ゴクジョウ) 극상
끽	キツ	喫(마실)

정리 ───────────────────────────────

1. 일본 상용한자 중 한국어 초성자음 [ㄱ] [ㄲ]이 들어가고 받침이 있는 한자음의 1음
절째는 대부분 カ行이고 일부분이 ガ行으로 발음된다.

2. 일본 상용한자 중 한국어 초성자음 [ㄱ] [ㄲ]이 들어가고 받침이 ㄱ인 한자음은 특수
한 경우를 제하면 일본어로는 대부분 2음절로 발음되고 2음절째는 ク가 오는 경우가
많다. 2음절째에 キ가 오는 한자는 激(부딪칠 격), 撃(擊)(칠 격), 劇(심할 극), 隙(틈

극)에 불과하다. 脚(다리 각)을 キャ로, 喫(마실 끽)을 キツ, 格(격식 격)을 コウ라고 읽는 것은 예외라고 볼 수 있다.

● 일본 상용한자 중 한국어 초성자음 [ㄱ]이 들어가고 받침이 ㄴ인 한자음

간	カン	刊(책 펴낼), 干(방패), 幹(줄기), 看(볼), 簡(편지), 肝(간)
	カン/ケン	間(사이)
		예 間隔(カンカク) 간격 / 世間(セケン) 세상
	コン	墾(개간할), 懇(정성)
건	カン	乾(마를)
	ケン	件(물건), 健(굳셀), 鍵(자물쇠)
	ケン/コン	建(세울)
		예 建築(ケンチク) 건축 / 建立(コンリュウ) 건립
	キン	巾(수건)
견	ケン	堅(굳을), 犬(개), 絹(비단), 繭(고치), 肩(肩)(어깨), 見(볼), 遣(遣)(보낼)
곤	コン	困(곤할), 昆(맏)
관	カン	関(關)(빗장), 冠(갓), 官(벼슬), 慣(버릇), 棺(관), 款(정성), 管(대롱), 貫(꿸), 館(館)(집), 缶(罐)(두레박), 寛(寛)(넓을), 観(觀)(볼)
군	クン	君(임금)
	グン	群(무리), 軍(군사), 郡(고을)
권	カン	勧(勸)(권할), 巻(卷)(책)
	ケン	券(券)(문서), 圏(圏)(우리), 拳(拳)(주먹)
	ケン/ゴン	権(權)(권세)
		예 権利(ケンリ) 권리 / 権化(ゴンゲ) 화신

균	キン	均(고를), 菌(세균)
근	キン	斤(도끼), 筋(힘줄), 近(近)(가까울), 謹(謹)(삼갈), 僅(겨우)
	コン	根(뿌리)
	キン/ゴン	勤(勤)(근면할)
		예 勤務(キンム) 근무 / 勤行(ゴンギョウ) 근행
긴	キン	緊(긴장할)

정리

1. 일본 상용한자 중 한국어 초성자음 [ㄱ]이 들어가고 받침이 있는 한자음의 1음절째는 대부분 カ行이고 일부분이 ガ行으로 발음된다.
2. 일본 상용한자 중 한국어 초성자음 [ㄱ]이 들어가고 받침이 ㄴ인 한자음은 일본어로 는 2음절로 발음되고 2음절째는 ン으로 발음된다.

● 일본 상용한자 중 한국어 초성자음 [ㄱ]이 들어가고 받침이 ㄹ인 한자음

갈	カツ	喝(喝)(꾸짖을), 褐(褐)(털옷), 渴(渴)(목마를), 葛(葛)(칡)
걸	ケツ	傑(호걸)
결	ケツ	決(결단), 潔(깨끗할), 結(맺을), 欠(缺)(이지러질)
골	コツ	骨(뼈)
괄	カツ	括(묶을)
굴	クツ	屈(굽을), 掘(팔), 窟(굴)
길	キチ/キツ	吉(길할)
		예 大吉(ダイキチ) 대길 / 不吉(フキツ) 불길

정리

1. 일본 상용한자 중 한국어 초성자음 [ㄱ]이 들어가고 받침이 있는 한자음의 1음절째는 カ行으로 발음된다.

2. 일본 상용한자 중 한국어 초성자음 [ㄱ]이 들어가고 받침이 ㄹ인 한자음은 일본어로는 2음절로 발음되고 2음절째는 일반적으로 ッ로 발음된다. 吉(길할 길)은 キチ와 같이 2음절째가 チ로 발음될 때도 있다.

● 일본 상용한자 중 한국어 초성자음 [ㄱ]이 들어가고 받침이 ㅁ인 한자음

감	カン	勘(조사할), 堪(견딜), 感(느낄), 憾(한할), 敢(감히), 甘(달), 監(살필), 鑑(거울)
	ゲン	減(줄일)
	コン	紺(감색)
검	ケン	倹(儉)(검소할), 剣(劍)(칼), 検(檢)(검사할)
겸	ケン	兼(兼)(더할), 謙(謙)(겸손할)
금	キン	琴(거문고), 禁(금할), 襟(옷깃), 錦(비단)
	キン/コン	金(쇠), 今(이제)

예 金属(キンゾク) 금속 / 金堂(コンドウ) 금동

今月(コンゲツ) 금월, 이번 달 / 今上(キンジョウ) 현재의 임금

정리

1. 일본 상용한자 중 한국어 초성자음 [ㄱ]이 들어가고 받침이 있는 한자음의 1음절째는 대부분 カ行이고 일부분이 ガ行으로 발음된다.
2. 일본 상용한자 중 한국어 초성자음 [ㄱ]이 들어가고 받침이 ㅁ인 한자음은 일본어로는 2음절로 발음되고 2음절째는 ン으로 발음된다.

● 일본 상용한자 중 한국어 초성자음 [ㄱ]이 들어가고 받침이 ㅂ인 한자음

| 갑 | コウ/カン | 甲(갑옷) |

예 装甲車(ソウコウシャ) 장갑차 / 甲高い(カンダカイ) 소리 높은

| 급 | キュウ | 及(미칠), 急(급할), 級(차례), 給(공급할) |

1. 일본 상용한자 중 한국어 초성자음 [ㄱ]이 들어가고 받침이 있는 한자음의 1음절째는 カ行으로 발음된다.

2. 일본 상용한자 중 한국어 초성자음 [ㄱ]이 들어가고 받침이 ㅂ인 한자음은 일본어로는 2음절로 발음되고 2음절째는 대부분 ウ로 발음된다. 甲高い(カンダカイ)의 경우 甲을 カン으로 읽는 것은 예외적이다.

───────────────────────────────────

● 일본 상용한자 중 한국어 초성자음 [ㄱ]이 들어가고 받침이 ㅇ인 한자음

강	コウ	康(편안할), 江(강), 綱(벼리), 講(익힐), 鋼(굳셀), 降(내릴)
	キョウ/ゴウ	強(强)(강할)
		예 强弱(キョウジャク) 강약 / 强盗(ゴウトウ) 강도
	ゴウ	剛(굳셀)
갱	コウ	坑(빠질), 更(고칠)
경	キョウ	鏡(거울), 驚(놀랄)
	ケイ	傾(기울), 慶(경사), 敬(존경할), 景(경치), 警(경계할), 径(徑)(지름길), 経(經)(지날), 茎(莖)(줄기), 軽(輕)(가벼울), 憬(깨달을)
	キョウ/ケイ	京(서울), 境(경계), 競(다툴)
		예 上京(ジョウキョウ) 상경 / 京阪(ケイハン) 교토와 오사카
		境界(キョウカイ) 경계 / 境内(ケイダイ) 경내
		競争(キョウソウ) 경쟁 / 競馬(ケイバ) 경마
	ゲイ	鯨(고래)
	コウ	硬(굳을), 耕(경작), 梗(대개)
공	キョウ	共(함께), 恐(두려울), 恭(공손할)
	キョウ/ク	供(이바지할)
		예 供給(キョウキュウ) 공급 / 供養(クヨウ) 공양

	コウ	公(공평할), 孔(구멍), 控(당길), 攻(공격)
	コウ/ク	功(공), 工(장인), 貢(바칠)

예 **功績**(コウセキ) 공적 / **功德**(クドク) 공덕

人工(ジンコウ) 인공 / **大工**(ダイク) 목수

貢献(コウケン) 공헌 / **年貢**(ネング) 소작료

	クウ	空(하늘)
광	コウ	光(빛), 広(廣)(넓을), 鉱(鑛)(광물)
	キョウ	狂(미칠)
궁	キュウ	弓(활), 窮(다할)
	キュウ/グウ/ク	宮(궁궐)

예 **宮殿**(キュウデン) 궁전 / **神宮**(ジングウ) 신궁

/ **宮内庁**(クナイチョウ) 궁내청

긍	コウ	肯(즐길)

정리

1. 일본 상용한자 중 한국어 초성자음 [ㄱ]이 들어가고 받침이 있는 한자음의 1음절째는 대부분 カ行이고 일부분이 ガ行으로 발음된다.

2. 일본 상용한자 중 한국어 초성자음 [ㄱ]이 들어가고 받침이 ㅇ인 한자음은 일본어로 는 대부분 2음절로 발음되고 2음절째는 ウ 또는 イ로 발음되는 것이 일반적이다. 供 (이바지할 공), 功(공 공), 工(장인 공), 貢(바칠 공), 宮(궁궐 궁)이 ク 1음절로 읽히는 것은 예외적이다.

Ⅲ. 동자이음한자(同字異音漢字)

脚本(キャクホン) 각본 ‖ **脚立**(キャタツ) ㅅ자 모양의 사다리

乗客(ジョウキャク) 승객 ‖ **主客**(シュカク) 주객

性格(セイカク) 성격 ‖ **格子**(コウシ) 격자

極限(キョクゲン) 극한 ‖ 極上(ゴクジョウ) 극상

間隔(カンカク) 간격 ‖ 世間(セケン) 세상

建築(ケンチク) 건축 ‖ 建立(コンリュウ) 건립

権利(ケンリ) 권리 ‖ 権化(ゴンゲ) 화신

勤務(キンム) 근무 ‖ 勤行(ゴンギョウ) 근행

大吉(ダイキチ) 대길 ‖ 不吉(フキツ) 불길

金属(キンゾク) 금속 ‖ 金堂(コンドウ) 금동

今月(コンゲツ) 금월, 이번 달 ‖ 今上(キンジョウ) 현재의 임금

装甲車(ソウコウシャ) 장갑차 ‖ 甲高い(カンダカイ) 소리 높은

強弱(キョウジャク) 강약 ‖ 強盗(ゴウトウ) 강도

上京(ジョウキョウ) 상경 ‖ 京阪(ケイハン) 교토와 오사카

境界(キョウカイ) 경계 ‖ 境内(ケイダイ) 경내

競争(キョウソウ) 경쟁 ‖ 競馬(ケイバ) 경마

供給(キョウキュウ) 공급 ‖ 供養(クヨウ) 공양

功績(コウセキ) 공적 ‖ 功徳(クドク) 공덕

人工(ジンコウ) 인공 ‖ 大工(ダイク) 목수

貢献(コウケン) 공헌 ‖ 年貢(ネング) 소작료

宮殿(キュウデン) 궁전 ‖ 神宮(ジングウ) 신궁 ‖ 宮内庁(クナイチョウ)궁내청

◦ Ⅳ. 단어학습

| 各 | おのおの | 각각 | 角 | つの | 뿔 |
| 覚える | おぼえる | 깨닫다 | 殻 | から | 껍질 |

脚	あし	다리	刻む	きざむ	새기다
激しい	はげしい	세차다	撃つ	うつ	치다
隔てる	へだてる	사이를 떼다	曲がる	まがる	구부리다
極める	きわめる	한도에 이르다	干す	ほす	말리다
幹	みき	줄기	肝	きも	간
懇ろだ	ねんごろだ	친절하고 공손하다	乾く	かわく	마르다
健やかだ	すこやかだ	건강하다	鍵	かぎ	자물쇠
堅い	かたい	굳세다	絹	きぬ	비단
繭	まゆ	누에고치	遣う	つかう	보내다
困る	こまる	곤란하다	冠	かんむり	관
慣れる	なれる	익숙해지다	管	くだ	대롱
貫く	つらぬく	뚫다	群れる	むれる	떼를 짓다
勧める	すすめる	권하다	巻く	まく	감다
拳	こぶし	주먹	筋	すじ	힘줄
謹む	つつしむ	삼가다	僅か	わずか	겨우
勤める	つとめる	근무하다	渇く	かわく	목마르다
葛	くず	칡	潔い	いさぎよい	깨끗하다
結ぶ	むすぶ	맺다	欠ける	かける	이지러지다
括る	くくる	묶다	掘る	ほる	파다
堪える	たえる	견디다	剣	つるぎ	검
兼ねる	かねる	더하다	琴	こと	거문고
襟	えり	옷깃	錦	にしき	비단

及ぶ	およぶ	미치다	急ぐ	いそぐ	서두르다
綱	つな	밧줄	降りる	おりる	내리다
更ける	ふける	깊어지다	鏡	かがみ	거울
驚く	おどろく	놀라다	傾く	かたむく	기울다
敬う	うやまう	존경하다	茎	くき	줄기
軽い	かるい	가볍다	境	さかい	경계
競う	きそう	다투다	鯨	くじら	고래
硬い	かたい	단단하다	耕す	たがやす	경작하다
恐れる	おそれる	두려워하다	恭しい	うやうやしい	공손하다
供える	そなえる	바치다	公	おおやけ	조정, 정부
控える	ひかえる	대기시키다	攻める	せめる	공격하다
貢ぐ	みつぐ	바치다	狂う	くるう	미치다
弓	ゆみ	활	窮める	きわめる	다하다
宮	みや	궁궐			

V. 문제

1. 가타카나로 제시된 음과 <u>다르게</u> 읽히는 한자를 고르세요.

1) カク   ① 隔   ② 却   ③ 角   ④ 覚

2) カツ   ① 褐   ② 渇   ③ 喝   ④ 骨

3) カン   ① 乾   ② 幹   ③ 懇   ④ 冠

4) キョウ   ① 驚   ② 狂   ③ 鋼   ④ 恐

5) キン   ① 根   ② 緊   ③ 菌   ④ 謹

6) ケツ   ① 決   ② 結   ③ 欠   ④ 括

7)	ケン	① 健	② 圏	③ 均	④ 券
8)	コウ	① 耕	② 鯨	③ 鉱	④ 硬
9)	コク	① 谷	② 刻	③ 穀	④ 局
10)	コン	① 棺	② 墾	③ 紺	④ 昆

2. 가타카나로 제시된 음과 <u>다르게</u> 읽히는 한어를 고르세요.

1)	カクシ	① 各誌	② 客思	③ 核子	④ 楽士
2)	カンシ	① 幹事	② 監視	③ 冠詞	④ 干支
3)	ケンシ	① 検視	② 絹糸	③ 原始	④ 剣士
4)	コウドウ	① 公道	② 講堂	③ 高騰	④ 坑道
5)	コンジョウ	① 根性	② 懇情	③ 言上	④ 今生

쉬어가기

面接で、「{御社 vs. 貴社}を希望した理由は…」、どっち?

「御社」と「貴社」はどちらも相手を高めてその会社をいう尊敬語。「御社」が「御社を志望した理由は…」など多く口頭で使われるのに対し、「貴社」は「貴社の御発展をお祈りいたします」などと多くは書面で使われる。口頭で「貴社」と言うのは少し堅苦しく、面接では「御社」と言うほうが自然である。

(北原保雄編『問題な日本語 その4』による)

---

3. 아래의 밑줄 친 부분의 한어를 어떻게 읽는지 괄호 안에 히라가나로 써 넣으세요.

1) <u>覚悟</u>を決めてもう一度挑戦してみなさい。(　　　　　　　)

2) 政府は感染者の<u>隔離</u>政策を実施した。(　　　　　　　)

3) 過去の失敗から学び、<u>克服</u>することで成長を遂げる。(　　　　　　　)

4) 木村さんからのメールはやたら短く<u>簡潔</u>だった。(　　　　　　　)

5) 各種<u>約款</u>のダウンロードはこちらからお願いいたします。(　　　　　　　)

6) 最近、SNSを利用した<u>恐喝</u>事件が後を絶たない。(　　　　　　　)

7) ご希望に添うことができず、心より<u>遺憾</u>に思います。(　　　　　　　)

8) 階級社会では、上下関係が厳しく守られる。(   )

9) 鋼鉄製のドアは、防犯対策として最適だ。(   )

10) この金額から手数料を控除してください。(   )

4. 다음 밑줄 친 부분의 한자표기어를 어떻게 읽는지 괄호 안에 히라가나로 써 넣으세요.

1) 海辺で魚を干す風景は、どこか懐かしい。(   )

2) この団体は誰もが生涯安心して健やかに暮らせるモデル的な町づくりの実現を
目指している。(   )

3) 彼は揺るぎない信念を貫き、ついに目標を達成した。(   )

4) 彼は拳を突き上げ、勝利を誓った。(   )

5) 謹んでご冥福をお祈りいたします。(   )

6) 大きく括って言うと、この問題は三つの要素に分けられる。(   )

7) 痛みを堪えて最後までやり遂げた。(   )

8) 彼はミスを犯した後、襟を正して仕事に取り組んだ。(   )

9) この博物館には鯨の生態や捕鯨に関する学習・教育資料などが展示されている。
(   )

10) 大根の形や大きさ、葉の色、バランスなどを競う品評会が新宿デパートで開かれた。
(   )

国訓의 탄생

　중국에서 전해진 한자의 음독, 즉 한자음(字音)은 일본어의 음운에 영향을 끼치는 한편 한자가 전해진 이른 시기부터 본래의 발음이 일본어로 자연스럽게 느껴지는 소리로 변화되었을 것으로 여겨진다.글자의 의미나 숙어 등 문자열의 경우도 마찬가지로, 이러한 일본화 현상의 배경에는 일본어를 표기하기 위해서 한자를 자유자재로 사용하려는 노력이 있었을 것이다. 이러한 상황하에서 中国製漢字가 갖는 자의를 일본에서 확장시키고, 파생·전화시켜 이른바 国訓이 나타나게 되었다.일본에서 만든 字義라고 할 수 있을 것이다.

　예를 들어, 한자의‘首’를 수장이나 가바네(姓: 고대 호족의 세습호칭) 중 하나를 의미하는 명사 ‘오비토(おびと)’에 대응시키는 용법은 668년의 ‘동제선씨왕후묘지(銅製船氏王後墓誌)’에 보인다.

　중국과 조선에는 ‘首’에‘오비토’에 해당하는 字義는 존재하지 않는데, 일본에서 당시부터 이 같은 훈으로 읽었다고 한다면, 일본에서의 의미나 용법의 전화, 또는 ‘수장(首長)’, ‘수령(首領)’이라는 숙어를 생략한 용법으로 볼 수 있을 것이다.그렇다면 이는 국훈의 이른 시기의 예가 될 것이다. 만약 ‘슈’와 같이 字音으로 읽혀졌다 하더라도 이와 같이 일본에서 독자적으로 부여된 자 그 자체는 국훈이라고 부를 수 있을 것이다.

(笹原宏之著 『訓読みのはなし』による)

5. 다음 한자의 부수를 예에서 찾아 기호로 답하세요.

　例
　　ア. 貝(かい)　　イ. 禾(のぎ)　　ウ. 日(ひ)　　エ. 穴(あなかんむり)
　　オ. 八(はちがしら)

　1) 穀(곡식 곡)　　(　　　)
　2) 昆(맏 곤)　　(　　　)
　3) 窟(굴 굴)　　(　　　)
　4) 兼(더할 겸)　　(　　　)
　5) 貢(바칠 공)　　(　　　)

6. 다음 한어의 구성이 예의 ア~オ 중에 어느 것에 해당하는 지 하나를 골라 기호로 답하세요.

> ┌─ 例 ──
> ア. 同じような意味の漢字を重ねたもの(岩石)
>
> イ. 反対または対応の意味を表す字を重ねたもの(高低)
>
> ウ. 前の字が後ろの字を修飾しているもの(洋画)
>
> エ. 後ろの字が前の字の目的語・補語になっているもの(着席)
>
> オ. 前の字が後ろの字の意味を打ち消しているもの(非常)
> └───

1) 緊迫きんぱく 　　(　　　　)

2) 屈伸くっしん 　　(　　　　)

3) 降壇こうだん 　　(　　　　)

4) 傑作けっさく 　　(　　　　)

5) 寛厳かんげん 　　(　　　　)

7. 다음 괄호 안에 두 글자 한어를 넣어 사자성어 한어를 완성시키세요.

1) (　　　　　　)術数 [人をあざむくためのはかりごと]

2) (　　　　　　)不抜 [がまん強く心を動かさないこと]

3) 鯨飲(　　　　　　) [一度にたくさん飲み食いする]

4) (　　　　　　)無量 [この上なくしみじみと感じること]

5) 吉凶(　　　　　　) [幸いとわざわい]

8. 다음 문에는 동일한 일본한자음이지만 틀리게 사용된 한자가 한 자 있습니다.
왼쪽 괄호에는 잘못 사용된 한자를, 오른쪽 괄호에는 올바른 한자를 써 넣으세요.

1) 体脂肪率をチェックできる体重計が一般家庭にも普給し始めた。(　　　) (　　　　)

2) 簡燥に強い植物を砂漠に植える。(　　　) (　　　)

3) 公共交通機管でのマナーを守る。(　　　) (　　　)

4) 手にしていた花瓶が恐器となった。(　　　) (　　　)

5) 極端なダイエットに敬鐘を鳴らす。(　　　) (　　　)

▋일본 상용한자 2136자중 한국어 초성자음 [ㄱ] [ㄲ]이 들어가고 받침이 있는 한자음

1. 일본 상용한자 중 한국어 초성자음 [ㄱ] [ㄲ]이 들어가고 받침이 있는 한자음의 1음절째는 대부분 カ行이고 일부분이 ガ行으로 발음된다.

2. 일본 상용한자 중 한국어 초성자음 [ㄱ] [ㄲ]이 들어가고 받침이 ㄱ인 한자음은 특수한 경우를 제하면 일본어로는 대부분 2음절로 발음되고 2음절째는 ク가 오는 경우가 많다. 2음절째에 キ가 오는 한자는 激(부딪칠 격), 撃(擊)(칠 격), 劇(심할 극), 隙(틈 극)에 불과하다. 脚(다리 각)을 キャ로, 喫(마실 끽)을 キッ, 格(격식 격)을 コウ라고 읽는 것은 예외라고 볼 수 있다.

3. 일본 상용한자 중 한국어 초성자음 [ㄱ]이 들어가고 받침이 ㄴ인 한자음은 일본어로는 2음절로 발음되고 2음절째는 ン으로 발음된다.

4. 일본 상용한자 중 한국어 초성자음 [ㄱ]이 들어가고 받침이 ㄹ인 한자음은 일본어로는 2음절로 발음되고 2음절째는 일반적으로 ツ로 발음된다. 吉(길할 길)은 キチ 와 같이 2음절째가 チ로 발음될 때도 있다.

5. 일본 상용한자 중 한국어 초성자음 [ㄱ]이 들어가고 받침이 ㅁ인 한자음은 일본어로는 2음절로 발음되고 2음절째는 ン으로 발음된다.

6. 일본 상용한자 중 한국어 초성자음 [ㄱ]이 들어가고 받침이 ㅂ인 한자음은 일본어로는 2음절로 발음되고 2음절째는 대부분 ウ로 발음된다. 甲高い(カンダカイ)의 경우 甲을 カン으로 읽는 것은 예외적이다.

7. 일본 상용한자 중 한국어 초성자음 [ㄱ]이 들어가고 받침이 ㅇ인 한자음은 일본어로는 대부분 2음절로 발음되고 2음절째는 ウ 또는 イ로 발음되는 것이 일반적이다. 供(이바지할 공), 功(공 공), 工(장인 공), 貢(바칠 공), 宮(궁궐 궁)이 ク 1음절로 읽히는 것은 예외적이다.

한국어 초성자음 [ㅇ]이 들어가는 상용한자

I. 학습목표

이 과에서는 일본 상용한자 2136자 중 한국어 초성자음 [ㅇ]이 들어가는 한자를 대상으로 한자의 음독, 훈독연습을 비롯해 다양한 문제를 풀어본다. 또한 일본 상용한자에 제시된 훈을 단어학습을 통해 세밀하게 학습한다.

이렇게 함으로써 일본 상용한자에 익숙해 짐과 동시에 일본에서 실시하는 공인일본한자능력검정시험 대비도 할 수 있도록 한다.

II. 한자음독강의

일본 상용한자 중 한국어 초성자음 [ㅇ]이 들어가는 한자음을 한국과 일본의 한자음의 대응관계를 통해서 학습한다.

● **일본 상용한자 중 한국어 초성자음 [ㅇ]이 들어가고 받침이 없는 한자음**

아 ア   亜(亞)(버금)

　　 ガ   我(나), 芽(싹), 雅(아담할), 餓(주릴)

　　 ガ/ゲ   牙(어금니)

　　　　　　　　예 牙城(ガジョウ) 아성 / 牙彫(ゲチョウ) 상아조각

	ジ/ニ	児(兒)(아이)
		예 児童(ジドウ) 아동 / 小児科(ショウニカ) 소아과
애	アイ	哀(슬플), 愛(사랑), 曖(가릴), 挨(두들길)
	ガイ	涯(물가), 崖(벼랑)
야	ヤ	夜(밤), 野(들), 冶(풀무)
어	ギョ/ゴ	御(모실)
		예 御意(ギョイ) 존의 / 御苦労(ゴクロウ) 수고
	ギョ/リョウ	漁(물고기 잡을)
		예 漁業(ギョギョウ) 어업 / 漁師(リョウシ) 어부
	ギョ	魚(고기)
	ゴ	語(말씀)
여	ヨ	余(餘)(남을), 与(與)(줄)
	ジョ/ニョ	如(같을)
		예 欠如(ケツジョ) 결여 / 如実(ニョジツ) 사실과 똑같음
예	エイ	鋭(날카로울)
	ケイ	詣(이를)
	ゲイ	芸(藝)(재주)
	ヨ	予(豫)(미리), 預(맡길), 誉(譽)(기릴)
오	オ	汚(더러울)
	オウ	奥(奧)(아랫목)
	ゴ	五(다섯), 午(낮), 悟(깨달을), 誤(그릇될), 呉(나라이름), 娯(즐거워할)
	ゴウ	傲(거만할)
와	カ	渦(소용돌이)
	ガ	瓦(기와)

외	ガイ/ゲ	外(바깥)
		예 外出(ガイシュツ) 외출 / 外科(ゲカ) 외과
	イ	畏(두려워할)
요	ヨウ	妖(아리따울), 曜(빛날), 窯(가마), 腰(허리), 要(중요할), 揺(搖)(흔들),
		謡(謠)(노래)
	オウ	凹(오목할)
우	ウ/ユウ	右(오른)
		예 右折(ウセツ) 우회전 / 左右(サユウ) 좌우
	ウ	宇(집), 羽(깃), 雨(비)
	ギュウ	牛(소)
	グ	愚(어리석을)
	グウ	偶(짝), 遇(만날), 隅(모퉁이)
	ユウ	優(넉넉할), 友(벗), 憂(근심할), 郵(우편)
위	イ	位(벼슬), 偉(위대할), 委(맡길), 威(위엄), 尉(벼슬), 慰(위로할),
		緯(씨줄), 囲(圍)(둘레), 為(爲)(할), 萎(시들), 違(違)(어길)
	エイ	衛(호위할)
	キ	危(위태로울)
	ギ	偽(僞)(거짓)
유	イ	維(잡아맬)
	イ/ユイ	遺(遺)(끼칠)
		예 遺産(イサン) 유산 / 遺言(ユイゴン) 유언
	ジュ	儒(선비)
	ニュウ	乳(젖)
	ジュウ/ニュウ	柔(부드러울)

		예 柔軟(ジュウナン) 유연 / 柔和(ニュウワ) 유화
	ユ	愉(즐거울), 油(기름), 癒(병나을), 諭(깨우칠), 喩 (깨칠)
	ユ/ユウ/ユイ	由(말미암을)
		예 経由(ケイユ) 경유 / 自由(ジユウ) 자유 / 由緒(ユイショ) 유서
	ユイ/イ	唯(오직)
		예 唯一(ユイイツ) 유일 / 唯々諾々(イイダクダク) 유유낙낙
	ユウ	幽(그윽할), 悠(멀), 猶(오히려), 裕(넉넉할), 誘(꾈)
	ユウ/ウ	有(있을)
		예 有益(ユウエキ) 유익 / 有無(ウム) 유무
	ユウ/ユ	遊(遊)(놀)
		예 遊戯(ユウギ) 유희 / 遊山(ユサン) 산이나 들로 놀러 나감
	ヨウ	幼(어릴)
의	イ/エ	依(의지할)
		예 依頼(イライ) 의뢰 / 帰依(キエ) 귀의
	イ	意(뜻), 衣(옷), 医(醫)(의원), 椅(걸상)
	ギ	儀(모양), 宜(마땅할), 擬(헤아릴), 疑(의심), 義(뜻), 議(의논할)
이	イ	以(써), 異(다를), 移(움직일)
	ジ	耳(귀), 餌(먹이)
	ニ	二(두)

정리

1. 일본 상용한자 중 한국어 초성자음 [ㅇ]이 들어가고 받침이 없는 한자음의 1음절째는 대부분 ア行과 ガ行이며 일부 ザ行, ナ行, ヤ行으로 나타난다. 그 밖에 カ行, ラ行으로 표기되는 예는 예외적이라고 볼 수 있다.

2. 받침이 없는 예 중에서는 リョウ漁(물고기 잡을 어), カ渦(소용돌이 와), キ危(위태로울 위), ケイ詣(이를 예)는 예외적이다.

● 일본 상용한자 중 한국어 초성자음 [ㅇ]이 들어가고 받침이 ㄱ인 한자음

| 악 | アク | 握(쥘) |

アク/オ　悪(惡)(악할, 미워할(오))

　　　　예 悪意(アクイ) 악의 / 悪寒(オカン) 오한

ガク　　岳(嶽)(큰산), 顎(턱)

ガク/ラク　楽(樂)(풍류, 즐거울(락))

　　　　예 音楽(オンガク) 음악 / 娯楽(ゴラク) 오락

| 액 | エキ | 液(액체) |

ガク　　額(이마)

ヤク　　厄(재앙)

| 약 | ジャク | 弱(약할) |

ヤク　　躍(뛸), 薬(藥)(약), 約(맺을)

ジャク/ニャク　若(젊을)

　　　　예 若年(ジャクネン) 약년 / 老若(ロウニャク) 노소

| 억 | オク | 億(억), 憶(생각할), 臆(가슴) |

ヨク　　抑(누를)

| 역 | イキ | 域(지경) |

エキ/イ　易(바꿀, 쉬울(이))

　　　　예 貿易(ボウエキ) 무역 / 容易(ヨウイ) 용이

エキ/ヤク　疫(역병)

　　　　예 防疫(ボウエキ) 방역 / 疫病神(ヤクビョウガミ) 역신, 돌림장이

エキ　　駅(驛)(정거장)

ギャク　逆(逆)(거스를)

ヤク/エキ　役(부릴)

　　　　예 役目(ヤクメ) 역할 / 兵役(ヘイエキ) 병역

	ヤク	訳(譯)(역)
옥	オク	屋(집)
	ヨク	沃(비옥할)
	ギョク	玉(구슬)
	ゴク	獄(옥)
욕	ジョク	辱(욕)
	ヨク	欲(바랄), 浴(목욕할)
육	イク	育(기를)
	ニク	肉(고기)
익	エキ/ヤク	益(더할)

例 益虫(エキチュウ) 익충 / 御利益(ゴリヤク) 부처 등이 인간에게 주는 은혜

| | ヨク | 翌(다음날), 翼(날개) |

정리 ─────────────────────────

1. 일본 상용한자 중 한국어 초성자음 [ㅇ]이 들어가고 받침이 ㄱ인 한자음의 1음절째는 대부분 ア行과 ガ行이며 일부 ザ行、ナ行、ヤ行으로 나타나는 경우도 있다.

2. 일본 상용한자 중 한국어 초성자음 [ㅇ]이 들어가고 받침이 ㄱ인 한자음은 일본어로는 2음절로 발음되고 2음절째는 ク가 오는 경우가 많다. 2음절째에 キ가 오는 한자는 エキ液(액체 액), イキ域(지경 역), エキ易(바꿀 역), エキ疫(염병 역), エキ駅(驛)(정거장 역), エキ役(부릴 역), エキ益(더할 익) 자이다. 悪(惡)을 オ, 楽(樂)을 ラク, 易을 イ로 읽는 것은 음이 각각 미워할(오), 즐거울(락), 쉬울(이) 일 때이므로 예외적인 음이라고는 볼 수 없다.

───────────────────────────────

● **일본 상용한자 중 한국어 초성자음 [ㅇ]이 들어가고 받침이 ㄴ인 한자음**

안	アン	安(편할), 案(책상)
	ガン	岸(언덕), 顔(얼굴)

	ガン/ゲン	眼(눈)
		例 眼球(ガンキュウ) 안구 / 慈眼(ジゲン) 자안
언	ゲン/ゴン	言(말씀)
		例 言論(ゲンロン) 언론 / 無言(ムゴン) 무언
연	エン	宴(잔치), 延(끌), 沿(내려갈), 演(넓힐), 煙(연기), 鉛(납), 緣(緣)(인연)
	ケン	研(研)(갈)
	ゼン/ネン	然(그러할)
		例 自然(シゼン) 자연 / 天然(テンネン) 천연
	ナン	軟(연할)
	ネン	燃(불탈)
온	オン	温(溫)(따뜻할), 穩(穩)(평온할)
완	カン	完(완전할), 緩(느슨할)
	ガン	頑(완고할), 玩(희롱할)
	ワン	腕(팔)
운	イン	韻(운치)
	ウン	運(運)(움직일), 雲(구름)
원	イン	員(수효), 院(집)
	エン	円(圓)(둥글), 園(동산), 援(도울), 猿(원숭이), 媛(미녀),
	エン/オン	遠(遠)(멀), 怨(원망할)
		例 遠近(エンキン) 원근 / 久遠(クオン) 무궁
		怨声(エンセイ) 원성 / 怨念(オンネン) 원념
	ガン	願(원할)
	ゲン/ガン	元(으뜸)
		例 元素(ゲンソ) 원소 / 元祖(ガンソ) 원조

	ゲン	原(근본), 源(근원)
윤	ジュン	潤(윤택할)
은	イン	隱(隠)(숨을)
	オン	恩(은혜)
	ギン	銀(은)
인	イン	印(도장), 因(인할), 姻(혼인), 引(끌), 咽(목구멍)
	ジン/ニン	人(사람)
		예 人員(ジンイン) 인원 / 人情(ニンジョウ) 인정
	ジン/ニ	仁(어질)
		예 仁義(ジンギ) 의리 / 仁王(ニオウ) 인왕
	ジン	刃(刃)(칼날)
	ニン	忍(忍)(참을), 認(認)(인정할)

정리

1. 일본 상용한자 중 한국어 초성자음 [ㅇ]이 들어가고 받침이 ㄴ인 한자음의 1음절째는 대부분 ア行과 ガ行이며 일부 ザ行、ナ行、ヤ行으로 나타나는 경우도 있다. カ行、ワ行은 예외적이라고 할 수 있다.

2. 일본 상용한자 중 한국어 초성자음 [ㅇ]이 들어가고 받침이 ㄴ인 한자음은 대부분 일본어로 2음절로 발음되고 2음절째는 ン이다. 유일하게 仁王(ニオウ)인왕의 예일 때만 예외적으로 仁을 ニ인 1음절로 발음한다.

● **일본 상용한자 중 한국어 초성자음 [ㅇ]이 들어가고 받침이 ㄹ인 한자음**

알	エツ	謁(謁)(아뢸)
열	エツ	悦(기쁠), 閲(검열할)
	ネツ	熱(열)
울	ウツ	鬱(답답할)

월	エツ	越(넘을)
	ゲツ/ガツ	月(달)
		예 今月(コンゲツ) 이번 달 / 正月(ショウガツ) 정월
을	オツ	乙(둘째)
일	イチ/イツ	一(하나)
		예 第一(ダイイチ) 제일 / 統一(トウイツ) 통일
	イツ	逸(逸)(편안한)
	ニチ/ジツ	日(날)
		예 毎日(マイニチ) 매일 / 平日(ヘイジツ) 평일

정리

1. 일본 상용한자 중 한국어 초성자음 [ㅇ]이 들어가고 받침이 ㄹ인 한자음의 1음절째
는 대부분 ア行과 ガ行이며 일부 ザ行, ナ行으로 나타나는 경우도 있다.

2. 일본 상용한자 중 한국어 초성자음 [ㅇ]이 들어가고 받침이 ㄹ인 한자음은 일본어로
2음절로 발음되고 2음절째는 대부분 ツ이다. 一(하나 일), 日(날 일)의 경우에만 2음
절째가 チ로도 발음된다.

● 일본 상용한자 중 한국어 초성자음 [ㅇ]이 들어가고 받침이 ㅁ인 한자음

암	アン	暗(어두울)
	ガン	岩(바위)
엄	ゲン/ゴン	厳(嚴)(엄할)
		예 厳格(ゲンカク) 엄격 / 荘厳(ソウゴン) 장엄
염	エン	炎(불꽃), 塩(鹽)(소금), 艶(예쁠)
	セン	染(물들일)
음	イン	陰(그늘), 飲(飮)(마실), 淫(음란할)
	オン/イン	音(소리)

〔예〕 音楽(オンガク) 음악 / 福音(フクイン) 복음

| ギン | 吟(읊을) |
| | |
임 | チン | 賃(품팔이) |
| | |
| ニン | 任(맡길), 妊(아이 밸) |

1. 일본 상용한자 중 한국어 초성자음 [ㅇ]이 들어가고 받침이 ㅁ인 한자음의 1음절째
   는 대부분 ア行과 ガ行이며 일부 ナ行으로 나타나는 경우도 있다. 1음절째가 セ、チ
   로 읽히는 セン染(물들일 염), チン賃(품팔이 임)은 예외적이라고 할 수 있으므로 외
   워둘 필요가 있다.
2. 일본 상용한자 중 한국어 초성자음 [ㅇ]이 들어가고 받침이 ㅁ인 한자음은 일본어로
   2음절로 발음되고 2음절째는 ン이다.

● **일본 상용한자 중 한국어 초성자음 [ㅇ]이 들어가고 받침이 ㅂ인 한자음**

압 | アツ | 圧(壓)(누를) |
オウ	押(누를)
업	ギョウ/ゴウ	業(업)
	〔예〕 業績(ギョウセキ) 업적 / 自業自得(ジゴウジトク) 자업자득
엽	ヨウ	葉(나뭇잎)
읍	キュウ	泣(울)
입 | ニュウ | 入(들) |

정리

1. 일본 상용한자 중 한국어 초성자음 [ㅇ]이 들어가고 받침이 ㅂ인 한자음의 1음절째
   는 대부분 ア行과 ガ行이며 일부 ナ行, ヤ行으로 나타나는 경우도 있다. 泣(울 읍)자
   는 カ行으로 예외적이다.
2. 일본 상용한자 중 한국어 초성자음 [ㅇ]이 들어가고 받침이 ㅂ인 한자음은 일본어로

2음절로 발음되고 2음절째는 대부분 ウ이다. 圧(壓)(누를 압)자만이 アツ로 2음절째를 ツ로 읽고 있다.

● 일본 상용한자 중 한국어 초성자음 [ㅇ]이 들어가고 받침이 ㅇ인 한자음

앙	オウ	央(가운데)
	ギョウ/コウ	仰(우러를)
		예 仰視(ギョウシ) 우러러봄 / 信仰(シンコウ) 신앙
앵	オウ	桜(櫻)(앵두나무)
양	ジョウ	壌(壤)(흙), 嬢(孃)(계집애), 譲(讓)(사양할), 醸(釀)(빚을)
	ヨウ	揚(날릴), 洋(큰바다), 羊(양), 陽(볕), 養(기를), 様(樣)(모양), 瘍(종기)
영	エイ	影(그림자), 映(비칠), 永(길), 泳(헤엄칠), 英(꽃부리), 詠(읊을), 営(營)(경영할), 栄(榮)(영화)
	ゲイ	迎(迎)(맞을)
옹	オウ	翁(늙을)
	ヨウ	擁(안을)
왕	オウ	往(갈), 王(임금), 旺(왕성할)
용	ジョウ	冗(쓸데없을)
	ユウ	勇(날랠), 湧(물솟을)
	ヨウ	容(얼굴), 庸(쓸), 溶(녹일), 用(쓸), 踊(뛸)
웅	ユウ	雄(수컷)
융	ユウ	融(화할)
응	オウ	応(應)(응할)
	ギョウ	凝(엉길)
잉	ジョウ	剰(剩)(남을)

1. 일본 상용한자 중 한국어 초성자음 [ㅇ]이 들어가고 받침이 ㅇ인 한자음의 1음절째는 대부분 ア行과 ガ行이며 일부 ザ行, ナ行, ヤ行으로 나타나는 경우도 있다. 예외적으로 カ行으로 읽히는 경우도 있다.

2. 일본 상용한자 중 한국어 초성자음 [ㅇ]이 들어가고 받침이 ㅇ인 한자음은 일본어로 2음절로 발음되고 2음절째는 대부분 ウ이다. [영]자만이 2음절째를 イ라고 읽고 있다.

Ⅲ. 동자이음한자(同字異音漢字)

牙城(<u>ガ</u>ジョウ) 아성 ‖ 牙彫(<u>ゲ</u>チョウ) 상아조각

児童(<u>ジ</u>ドウ) 아동 ‖ 小児科(ショウ<u>ニ</u>カ) 소아과

御意(<u>ギ</u>ョイ) 존의 ‖ 御苦労(<u>ゴ</u>クロウ) 수고

漁業(<u>ギ</u>ョギョウ) 어업 ‖ 漁師(<u>リ</u>ョウシ) 어부

欠如(ケツ<u>ジ</u>ョ) 결여 ‖ 如実(<u>ニ</u>ョジツ) 있는 그대로임

外出(<u>ガ</u>イシュツ) 외출 ‖ 外科(<u>ゲ</u>カ) 외과

右折(<u>ウ</u>セツ) 우회전 ‖ 左右(サ<u>ユ</u>ウ) 좌우

遺産(<u>イ</u>サン) 유산 ‖ 遺言(<u>ユ</u>イゴン) 유언

柔軟(<u>ジ</u>ュウナン) 유연 ‖ 柔和(<u>ニ</u>ュウワ) 유화

経由(ケイ<u>ユ</u>) 경유 ‖ 自由(ジ<u>ユ</u>ウ) 자유 ‖ 由緒(<u>ユ</u>イショ) 유서

唯一(<u>ユイ</u>イチ) 유일 ‖ 唯々諾々(<u>イ</u>イダクダク) 유유낙낙

有益(<u>ユ</u>ウエキ) 유익 ‖ 有無(<u>ウ</u>ム) 유무

遊戯(<u>ユ</u>ウギ) 유희 ‖ 遊山(<u>ユ</u>サン) 산이나 들로 놀러 나감

依頼(<u>イ</u>ライ) 의뢰 ‖ 帰依(キ<u>エ</u>) 귀의

悪意(<u>ア</u>クイ) 악의 ‖ 悪寒(<u>オ</u>カン) 오한

音楽(オンガク) 음악 ‖ 娯楽(ゴラク) 오락

若年(ジャクネン) 약년 ‖ 老若(ロウニャク) 노소

貿易(ボウエキ) 무역 ‖ 容易(ヨウイ) 용이

防疫(ボウエキ) 방역 ‖ 疫病神(ヤクビョウガミ) 역신, 돌림장이

役目(ヤクメ) 역할 ‖ 兵役(ヘイエキ) 병역

益虫(エキチュウ) 익충 ‖ 御利益(ゴリヤク) 부처 등이 인간에게 주는 은혜

眼球(ガンキュウ) 안구 ‖ 慈眼(ジゲン) 자안

言論(ゲンロン) 언론 ‖ 無言(ムゴン) 무언

自然(シゼン) 자연 ‖ 天然(テンネン) 천연

遠近(エンキン) 원근 ‖ 久遠(クオン) 무궁

怨声(エンセイ) 원성 ‖ 怨念(オンネン) 원념

元素(ゲンソ) 원소 ‖ 元祖(ガンソ) 원조

人員(ジンイン) 인원 ‖ 人情(ニンジョウ) 인정

仁義(ジンギ) 의리 ‖ 仁王(ニオウ) 인왕

今月(コンゲツ) 이번 달 ‖ 正月(ショウガツ) 정월

第一(ダイイチ) 제일 ‖ 統一(トウイツ) 통일

毎日(マイニチ) 매일 ‖ 平日(ヘイジツ) 평일

厳格(ゲンカク) 엄격 ‖ 荘厳(ソウゴン) 장엄

音楽(オンガク) 음악 ‖ 福音(フクイン) 복음

業績(ギョウセキ) 업적 ‖ 自業自得(ジゴウジトク) 자업자득

仰視(ギョウシ) 우러러 봄 ‖ 信仰(シンコウ) 신앙

芽	め	싹	崖	がけ	벼랑
鋭い	するどい	날카롭다	詣でる	もうでる	참배하다
誉れ	ほまれ	명예	汚す	けがす	더럽히다
悟る	さとる	깨닫다	渦	うず	소용돌이
瓦	かわら	기와	畏れる	おそれる	두려워하다
要	かなめ	중요한 부분	謡う	うたう	노래하다
羽	はね	깃	愚かだ	おろかだ	어리석다
隅	すみ	모퉁이	憂える	うれえる	근심하다
委ねる	ゆだねる	맡기다	慰める	なぐさめる	위로하다
囲む	かこむ	둘러싸다	萎える	なえる	시들다
危うい	あやうい	위태롭다	偽る	いつわる	거짓말하다
癒やす	いやす	고치다	諭す	さとす	깨우치다
餌	えさ	먹이	握る	にぎる	쥐다
岳	たけ	높은산	顎	あご	턱
額	ひたい	이마	逆らう	さからう	거스르다
辱める	はずかしめる	욕보이다	育む	はぐくむ	기르다
翼	つばさ	날개	延びる	のびる	길어지다
鉛	なまり	납	縁	ふち	테두리
研	とぐ	갈다	温まる	あたたまる	훈훈해지다
穏やかだ	おだやかだ	평온하다	緩やかだ	ゆるやかだ	완만하다

‖ 園	その	정원	‖ 潤う	うるおう	습기를 띄다
‖ 印	しるし	표	‖ 忍ぶ	しのぶ	숨다
‖ 厳かだ	おごそかだ	엄숙하다	‖ 炎	ほのお	불꽃
‖ 艶	つや	윤기	‖ 染める	そめる	물들이다
‖ 淫らだ	みだらだ	음란하다	‖ 業	わざ	행위, 짓
‖ 仰ぐ	あおぐ	우러러 보다	‖ 譲る	ゆずる	양도하다. 양보하다
‖ 醸す	かもす	빚다. 양조하다	‖ 詠む	よむ	읊다
‖ 営む	いとなむ	경영하다	‖ 勇む	いさむ	기운이 솟다
‖ 湧く	わく	샘솟다	‖ 溶ける	とける	녹이다
‖ 雄	おす	수컷	‖ 凝る	こる	엉기다

◦ V. 문제

1. 가타카나로 제시된 음과 <u>다르게</u> 읽히는 한자를 고르세요.

1) イ   ① 偉   ② 慰   ③ 偽   ④ 緯

2) ウ   ① 宇   ② 愚   ③ 羽   ④ 雨

3) イン   ① 姻   ② 忍   ③ 印   ④ 飲

4) エン   ① 研   ② 宴   ③ 炎   ④ 園

5) オウ   ① 翁   ② 雍   ③ 旺   ④ 応

6) ガ   ① 餓   ② 芽   ③ 雅   ④ 亜

7) ジョウ   ① 嬢   ② 譲   ③ 剰   ④ 揚

8) ヤク   ① 約   ② 薬   ③ 躍   ④ 弱

9) ユウ   ① 偶   ② 優   ③ 憂   ④ 郵

10) ヨウ   ① 揺   ② 窯   ③ 凹   ④ 腰

2. 가타카나로 제시된 음과 <u>다르게</u> 읽히는 한어를 고르세요.

1) イギ   ① 異議   ② 意義   ③ 危機   ④ 威儀

2) エイイ   ① 営為   ② 栄位   ③ 鋭意   ④ 英詩

3) ゲンカ   ① 喧嘩   ② 厳科   ③ 減価   ④ 言下

4) ヨウリョウ   ① 楊柳   ② 要領   ③ 容量   ④ 養料

5) ヨクジョウ   ① 欲情   ② 翌週   ③ 浴場   ④ 翼状

쉬어가기

「大迷惑」は、「だいめいわく」vs.「おおめいわく」、どっち?

「大活躍・大問題」など漢語の上に付く「大」は、原則として「だい」と音で読む。ただし、例外的に、「大一番・大看板・大騒動」など「おお」と訓で読むものも少なくない。「大迷惑」もその一つで、「おおめいわく」が伝統的。しかし近年は「だいめいわく」と読まれることも多くなっている。

(北原保雄編『問題な日本語 その4』による)

---

3. 아래의 밑줄 친 부분의 한어를 어떻게 읽는지 괄호 안에 히라가나로 써 넣으세요.

1) 月明かりに照らされた湖面は、<u>優雅</u>な曲線を描いていた。(   )

2) 彼は<u>曖昧</u>な言葉で、責任を逃れようとしている。(   )

3) 桜の季節には、多くの観光客が花見と同時に神社に<u>参詣</u>する。(   )

4) この事件の真相は、<u>憶測</u>を呼ぶばかりだ。(   )

5) 彼は、幼い頃に受けた<u>屈辱</u>をずっと心の奥底に抱えていた。(   )

6) 完全<u>燃焼</u>すれば、有害物質はほとんど発生しない。(   )

7) 大使は国王に<u>拝謁</u>するため宮殿を訪れた。(   )

8) <u>妖艶</u>な瞳で私を見つめる彼女に、私は心を奪われた。(   )

9) 娘は愛する父のなきがらにとりすがって<u>号泣</u>した。(   )

10) <u>土壌</u>の酸性化が進むと、植物の生育が阻害される。(   )

4. 다음 밑줄 친 부분의 한자표기어를 어떻게 읽는지 괄호 안에 히라가나로 써 넣으세요.

1) この学校は、学生の自主性を育む教育を行っている。(　　　　　　　)

2) 日当たりの良い場所で、体がじわじわと温まるのが気持ちいい。(　　　　　　)

3) 彼はこのプロジェクトの要となる人物だ。(　　　　　)

4) 水やりを忘れて、花が萎えてしまった。(　　　　　)

5) 彼は困難に勇んで立ち向かった。(　　　　　)

6) 弟は家に帰ってくると、緩い部屋着に着替えて寛ぐ。(　　　　　)

7) 彼らは困難を忍んで、目標に向かって突き進んだ。(　　　　　)

8) 全力を尽くしたから後は運を天に任せるだけだ。(　　　　　)

9) 彼の笑顔は、周囲を明るくするような温かい雰囲気を醸し出す。(　　　　　)

10) 僕は定年後喫茶店を営むつもりだ。(　　　　　)

미니상식　**国字의 탄생**

　　고유일본어를 표현하기 위해 기존의 한자를 대응시키는 것이 아니라 일본에서 독자적으로 새롭게 만든 한자, 즉 '고쿠지(国字)'가 만들어지게 되었다. 예를 들면 고쿠지인 '鰯(いわし: 정어리)'는 나라시대의 『古事記』,『日本書記』,『万葉集』,『古風土記』등의 문헌에는 나오지 않는다.그러나 같은 식의 木簡이나 正倉院문서에는 다수 나온다.

　　이것은 藤原宮시대(694~710)의 목간에는 '伊和志'등의 万葉仮名로 기록되어 있다. 그 후 한자에 의한 표기법이 表音에서 表意・表語로 전환되어 奈良時代에 편찬된 것으로 알려진 한자사전『楊氏漢語抄』나『新撰字鏡』안의『小学篇』에 이미 훈 읽기를 동반한 '鰯'라는 글자가 수록되었다. 이 사실은 헤이안시대의 사전 등의 기술을 통해 알 수 있다.

(笹原宏之著『訓読みのはなし』에 의한)

5. 다음 한자의 부수를 예에서 찾아 기호로 답하세요.

> 例
>
> ア. 邑(ちょう)   イ. 心(こころ)   ウ. 田(た)   エ. 頁(おおがい)
>
> オ. 肉(にくへん)

1) 愚(어리석을 우) (   )

2) 異(다를 이) (   )

3) 額(이마 액) (   )

4) 腕(팔 완) (   )

5) 鬱(답답할 울) (   )

6. 다음 한어의 구성이 예의 ア~オ 중에 어느 것에 해당하는 지 하나를 골라 기호로
답하세요.

> 例
>
> ア. 同じような意味の漢字を重ねたもの(岩石)
>
> イ. 反対または対応の意味を表す字を重ねたもの(高低)
>
> ウ. 前の字が後ろの字を修飾しているもの(洋画)
>
> エ. 後ろの字が前の字の目的語・補語になっているもの(着席)
>
> オ. 前の字が後ろの字の意味を打ち消しているもの(非常)

1) 擬似ぎじ   (   )

2) 握手あくしゅ   (   )

3) 逸品いっぴん   (   )

4) 栄辱えいじょく (   )

5) 安危あんき   (   )

7. 다음 괄호 안에 두 글자 한어를 넣어 사자성어 한어를 완성시키세요.

1) (   )引水 [自分の利益になるように話したり行動する]

2) (   )深長 [意味が非常に深く含みがあること]

3) 言行(　　　　　) [言葉と行動が同じこと]

4) (　　　　　)同舟 [仲の悪い者が同じ所にいること]

5) 唯一(　　　　　) [ただそれ一つだけであること]

8. 다음 문에는 동일한 일본한자음이지만 틀리게 사용된 한자가 한 자 있습니다.
   왼쪽 괄호에는 잘못 사용된 한자를, 오른쪽 괄호에는 올바른 한자를 써 넣으세요.

   1) 医師から病状説明を聞いたが、弱干の疑問が残った。(　　　) (　　　)

   2) 会社の同僚は予想以上に早く快喩し、昨日退院した。(　　　) (　　　)

   3) その資料は書棚から自由に取り出して悦覧することができる。(　　　) (　　　)

   4) 埋葬文化財事務所が火災に遭い、貴重な偉物が焼けた。(　　　) (　　　)

   5) サケが産卵する瞬間を撮映する。(　　　) (　　　)

◇ Ⅵ. 정리하기

▌ 일본 상용한자 2136자중 한국어 초성자음 [ㅇ]이 들어가는 한자음

1. 일본 상용한자 중 한국어 초성자음 [ㅇ]이 들어가는 한자음은 받침의 유무를 막론하고 대부분 ア行과 ガ行이며 일부 ザ行, ナ行, ヤ行, ワ行으로 나타나는 경우도 있다. 그 밖에 カ行, サ行, タ行, ラ行으로 표기되는 예는 예외적이라고 볼 수 있다. 받침이 없는 예 중에서는 リョウ漁(물고기 잡을 어), カ渦(소용돌이 와), キ危(위태로울 위), ケイ詣(이를 예)가, 받침이 있는 예 중에서는 カン完(완전할 완), カン緩(느슨할 완), ケン研(갈 연), コウ仰(우러를 앙), セン染(물들일 염), チン賃(품팔이 임)은 예외적이라고 할 수 있다.

2. 일본 상용한자 중 한국어 초성자음 [ㅇ]이 들어가고 받침이 ㄱ인 한자음은 일본어로는 2음절로 발음되고 2음절째는 ク가 오는 경우가 많다.

3. 일본 상용한자 중 한국어 초성자음 [ㅇ]이 들어가고 받침이 ㄴ인 한자음은 대부분 일본어로는 2음절로 발음되고 2음절째는 ン이다. 유일하게 仁王(ニオウ)인왕의 예일 때만 仁을 ニ인 1음절로 발음한다.

4. 일본 상용한자 중 한국어 초성자음 [ㅇ]이 들어가고 받침이 ㄹ인 한자음은 일본어로는 2음절로 발음되고 2음절째는 대부분 ツ이다.

5. 일본 상용한자 중 한국어 초성자음 [ㅇ]이 들어가고 받침이 ㅁ인 한자음은 일본어로는 2음절로 발음되고 2음절째는 ン이다.

6. 일본 상용한자 중 한국어 초성자음 [ㅇ]이 들어가고 받침이 ㅂ인 한자음은 일본어로는 2음절로 발음되고 2음절째는 대부분 ウ이다. 压(壓)(누를 압)자만이 アッ로 2음절째를 ッ로 읽고 있다.

7. 일본 상용한자 중 한국어 초성자음 [ㅇ]이 들어가고 받침이 ㅇ인 한자음은 일본어로는 2음절로 발음되고 2음절째는 대부분 ウ이다. [영]자만이 2음절째를 イ라고 읽고 있다.

한국어 초성자음 [ㅋ]과 [ㅎ]이 들어가는 상용한자

제4과

Ⅰ. 학습목표

  이 과에서는 일본 상용한자 2136자 중 한국어 초성자음 [ㅋ]과 [ㅎ]이 들어가는 한자를 대상으로 한자의 음독, 훈독연습을 비롯해 다양한 문제를 풀어본다. 또한 일본 상용한자에 제시된 훈을 단어학습을 통해 세밀하게 학습한다.
  이렇게 함으로써 일본 상용한자에 익숙해 짐과 동시에 일본에서 실시하는 공인일본한자능력검정시험 대비도 할 수 있도록 한다.

Ⅱ. 한자음독강의

  일본 상용한자 중 한국어 초성자음 [ㅋ]과 [ㅎ]이 들어가는 한자음을 한국와 일본의 한자음의 대응관계를 통해 학습한다.

● 일본 상용한자 중 한국어 초성자음 [ㅋ]이 들어가고 받침이 없는 한자음

쾌 カイ   快(쾌할)

정리

  1. 일본 상용한자 중 한국어 초성자음 [ㅋ]이 들어가고 받침이 없는 한자음의 1음절째는 カ行으로 발음된다.

하   カ   何(어찌), 河(물), 荷(멜)

     カ/ゲ   下(아래), 夏(여름)

             예 下流(カリュウ) 하류 / 下品(ゲヒン) 천한 것

                夏季(カキ) 하계 / 夏至(ゲシ) 하지

     ガ   賀(하례)

해   カイ   海(海)(바다), 諧(화할), 楷(해서)

     ガイ   害(해로울), 該(갖출), 骸(해골)

     カイ/ゲ   解(풀)

             예 解放(カイホウ) 해방 / 解毒(ゲドク) 해독

허   キョ   許(허락할)

     キョ/コ   虚(虛)(빌)

             예 虚無(キョム) 허무 / 虚空(コクウ) 허공

혜   ケイ/エ   恵(惠)(지혜)

             예 恩恵(オンケイ) 은혜 / 知恵(チエ) 지혜

호   コ   呼(부를), 弧(활), 湖(호수), 戸(지게), 虎(범)

     ゴ   互(서로), 護(지킬)

     コウ   好(좋아할)

     ゴウ   号(號)(부르짖을), 豪(호걸)

화   カ   火(불), 花(꽃), 靴(구두), 禍(禍)(재앙), 貨(재화)

     カ/ケ   化(될), 華(화려할)

             예 化石(カセキ) 화석 / 化粧(ケショウ) 화장

                華麗(カレイ) 화려 / 華厳(ケゴン) 화엄. 많은 수행 끝에 훌륭한 공덕을 쌓는 일

     ガ   画(畵)(그림)

	ワ	話(말할)
	ワ/オ	和(화할)

예 和室(ワシツ) 일본식 방 / 和尚(オショウ) 화상. 덕망 높은 스님

회	カイ	灰(灰)(재회), 悔(悔)(뉘우칠), 懷(懷)(품을)
	カイ/エ	会(會)(모일), 回(돌아올), 絵(繪)(그림)

예 会員(カイイン) 회원 / 会釈(エシャク) 고개를 끄덕임
　　回想(カイソウ) 회상 / 回向(エコウ) 회향. 넋을 위로함
　　絵画(カイガ) 회화 / 絵本(エホン) 그림 책

	ワイ	賄(뇌물)
효	コウ	効(效)(본받을), 孝(효도), 酵(술 밑)
	ギョウ	暁(曉)(새벽)
후	コウ	侯(제후), 候(물을), 厚(두터울), 后(임금), 喉(목구멍)
	キュウ	朽(썩을), 嗅(냄새 맡을)
	ゴ/コウ	後(뒤)

예 後日(ゴジツ) 후일 / 後悔(コウカイ) 후회

훼	キ	毀(부술)
휘	キ	揮(휘두를), 輝(빛날)
	イ	彙(모을)
휴	キュウ	休(쉴)
	ケイ	携(들)
희	キ	喜(기쁠), 希(바랄)
	ギ	戯(戲)(놀), 犠(犧)(희생)

정리

1. 일본 상용한자 중 한국어 초성자음 [ㅎ]이 들어가고 받침이 없는 한자음의 1음절째는 대부분 カ行 또는 ガ行으로 발음된다.

2. 和(화할 화), 話(말할 화), 賄(뇌물 회) , 彙(모을 휘)와 같이 ア行과 ワ行으로 발음되는 한자도 있으므로 주의해야 한다. 또한 惠(惠)(지혜 혜), 会(會)(모일 회), 回(돌아올 회), 絵(繪)(그림 회)는 力行 이외에도 ア行으로도 발음될 때가 있다.

● 일본 상용한자 중 한국어 초성자음 [ㅎ]이 들어가고 받침이 [ㄱ]인 한자음

학	ガク	学(學)(배울)
	ギャク	虐(사나울)
핵	カク	核(씨)
	ガイ	劾(캐물을)
혁	カク	嚇(노할), 革(가죽)
혹	コク	酷(독할)
	ワク	惑(유혹할)
확	カク	確(굳을), 拡(擴)(넓힐), 穫(벼벨)
획	カク	画(劃)(그을), 獲(얻을)
흑	コク	黒(黑)(검을)

정리

1. 일본 상용한자 중 한국어 초성자음 [ㅎ]이 들어가고 받침이 [ㄱ]인 한자음은 2음절이고 1음절째는 대부분 力行과 ガ行으로 발음된다. 惑(유혹할 혹)자만 ワ行으로 발음된다.

2. 일본 상용한자 중 한국어 초성자음 [ㅎ]이 들어가고 받침이 [ㄱ]인 한자음의 2음절째는 대부분 ク로 발음된다. 劾(캐물을 핵) 자만이 예외적으로 ガイ 의 イ로 발음된다.

● 일본 상용한자 중 한국어 초성자음 [ㅎ]이 들어가고 받침이 [ㄴ]인 한자음

한	カン	寒(찰), 汗(땀), 閑(한가할), 漢(漢)(한나라), 韓(나라이름)

	ゲン	限(한정할)
	コン	恨(원통할)
헌	ケン	憲(법), 軒(처마)
	ケン/コン	献(獻)(바칠)
		예 献花(ケンカ) 헌화 / 献立(コンダテ) 식단, 메뉴
현	ケン	賢(어질), 県(縣)(고을), 顕(顯)(나타날)
	ゲン	弦(활시위), 玄(검을), 現(나타날), 舷(뱃전)
	ケン/ケ	懸(매달)
		예 懸垂(ケンスイ) 매달림. 턱걸이 / 懸念(ケネン) 근심. 염려
혼	コン	婚(혼인할), 混(섞일), 魂(넋)
환	カン	喚(부를), 患(근심), 換(바꿀), 環(고리), 還(還)(돌아올), 歓(歡)(기뻐할)
	ガン	丸(둥글)
	ゲン	幻(변할)
훈	クン	勲(勳)(공), 訓(가르칠), 薫(薰)(향풀)
흔	コン	痕(흔적)

정리 ──────────────────────

1. 일본 상용한자 중 한국어 초성자음 [ㅎ]이 들어가고 받침이 [ㄴ]인 한자음은 대부분 2음절이고 1음절째는 カ行과 ガ行으로 발음된다.

2. 일본 상용한자 중 한국어 초성자음 [ㅎ]이 들어가고 받침이 [ㄴ]인 한자음의 2음절째는 대부분 ン로 발음된다. 懸(매달 현)자만이 예외적으로 ケ의 1음절로 발음될 때도 있다.

───────────────────────────────

● 일본 상용한자 중 한국어 초성자음 [ㅎ]이 들어가고 받침이 [ㄹ]인 한자음

할	カツ	割(벨), 轄(다스릴)

혈	ケツ	穴(구멍), 血(피)
활	カツ	活(살), 滑(미끄러울)
힐	キツ	詰(물을)

정리

1. 일본 상용한자 중 한국어 초성자음 [ㅎ]이 들어가고 받침이 [ㄹ]인 한자음은 2음절이고 1음절째는 カ行으로 발음된다.
2. 일본 상용한자 중 한국어 초성자음 [ㅎ]이 들어가고 받침이 [ㄹ]인 한자음의 2음절째는 ツ로 발음된다.

● **일본 상용한자 중 한국어 초성자음 [ㅎ]이 들어가고 받침이 [ㅁ]인 한자음**

함	カン	艦(싸움배), 陷(陥)(빠질)
	ガン	含(포함할)
험	ケン	険(險)(험할)
	ケン/ゲン	験(驗)(시험할)
		예 試験(シケン) 시험 / 験者(ゲンジャ) 산 중에서 거친 수행을 하는 행자
혐	ケン/ゲン	嫌(싫어할)
		예 嫌悪(ケンオ) 혐오 / 機嫌(キゲン) 기분. 남의 안부

정리

1. 일본 상용한자 중 한국어 초성자음 [ㅎ]이 들어가고 받침이 [ㅁ]인 한자음은 2음절이고 1음절째는 カ行 또는 ガ行으로 발음된다.
2. 일본 상용한자 중 한국어 초성자음 [ㅎ]이 들어가고 받침이 [ㅁ]인 한자음의 2음절째는 ン으로 발음된다.

합 ゴウ/ガッ/カッ 合(합할)
　　　　　　　　　　　[예] 合意(ゴウイ) 합의 / 合併(ガッペイ) 합병 /
　　　　　　　　　　　　　合戦(カッセン) 서로 마주쳐 싸움. 접전

협 キョウ 協(협할), 脅(으를), 峽(峡)(골짜기), 挟(挟)(낄), 狭(狭)(좁을)

흡 キュウ 吸(숨 들이쉴)

정리

1. 일본 상용한자 중 한국어 초성자음 [ㅎ]이 들어가고 받침이 [ㅂ]인 한자음은 2음절이고 1음절째는 カ行 또는 ガ行으로 발음된다.

2. 일본 상용한자 중 한국어 초성자음 [ㅎ]이 들어가고 받침이 [ㅂ]인 한자음의 2음절째는 대부분 ウ로 발음된다. 合(합할 합)자만이 ガッ、カッ과 같이 촉음으로 발음될 때도 있다.

● 일본 상용한자 중 한국어 초성자음 [ㅎ]이 들어가고 받침이 [ㅇ]인 한자음

항 コウ 抗(막을), 港(항구), 航(배), 項(목덜미), 恒(恆)(항상)

행 コウ 幸(다행)

　　コウ/ギョウ/アン 行(행할)
　　　　　　　　　　　[예] 行進(コウシン) 행진 / 行跡(ギョウセキ) 행적 / 行灯(アンドン) 사방등

향 キョウ 響(響)(울릴), 享(드릴)

　　キョウ/ゴウ 郷(鄉)(시골)
　　　　　　　　　[예] 郷愁(キョウシュウ) 향수 / 郷士(ゴウシ) 옛날 농촌에 토착한 무사

　　コウ 向(향할)

　　コウ/キョウ 香(향기)
　　　　　　　　　[예] 香辛料(コウシンリョウ) 향신료 / 香車(キョウシャ) 장기 말의 하나

형	ケイ	刑(형벌), 型(거푸집), 蛍(螢)(개똥벌레)
	コウ	衡(저울대)
	ケイ/キョウ	兄(맏)
		예 父兄(フケイ) 부형 / 兄弟(キョウダイ) 형제
	ケイ/ギョウ	形(형상)
		예 形態(ケイタイ) 형상 / 人形(ニンギョウ) 인형
홍	コウ	洪(넓을)
	コウ/ク	紅(붉을)
		예 紅茶(コウチャ) 홍차 / 真紅(シンク) 진홍. 진홍색
황	キョウ	況(하물며)
	コウ	慌(흐리멍텅할), 荒(거칠)
	コウ/オウ	皇(임금), 黄(黃)(누르)
		예 皇室(コウシツ) 황실 / 法皇(ホウオウ) 법황. 불문에 들어간 上皇
		黄河(コウガ) 황하 / 黄疸(オウダン) 황달
횡	オウ	横(橫)(가로)
흉	キョウ	凶(흉할), 胸(가슴)
흥	キョウ/コウ	興(흥할)
		예 興味(キョウミ) 흥미 / 興行(コウギョウ) 흥행

정리

1. 일본 상용한자 중 한국어 초성자음 [ㅎ]이 들어가고 받침이 [ㅇ]인 한자음은 대부분 2음절이다. 紅(붉은 홍)자만이 1음절로 발음될 경우가 있다.
2. 1음절째는 대부분 カ行과 ガ行으로 발음되나 일부 ア行으로 발음되는 한자도 있다.
3. 일본 상용한자 중 한국어 초성자음 [ㅎ]이 들어가고 받침이 [ㅇ]인 한자음의 2음절째는 대부분 ウ로 발음되고 [형]자의 경우 イ로 발음되는 경우의 한자가 존재한다.
4. 行(다닐 행)자를 アン으로 읽는 경우는 특별한 한어에서만 나타난다.

Ⅲ. 동자이음한자(同字異音漢字)

下流(カリュウ) 하류 ‖ 下品(ゲヒン) 천한 것

夏季(カキ) 하계 ‖ 夏至(ゲシ) 하지

解放(カイホウ) 해방 ‖ 解毒(ゲドク) 해독

虚無(キョム) 허무 ‖ 虚空(コクウ) 허공

恩惠(オンケイ) 은혜 ‖ 知惠(チエ) 지혜

化石(カセキ) 화석 ‖ 化粧(ケショウ) 화장

華麗(カレイ) 화려 ‖ 華厳(ケゴン) 화엄. 많은 수행 끝에 훌륭한 공덕을 쌓는 일

和室(ワシツ) 일본식 방 ‖ 和尚(オショウ) 화상. 덕망 높은 스님

会員(カイイン) 회원 ‖ 会釈(エシャク) 고개를 끄덕임

回想(カイソウ) 회상 ‖ 回向(エコウ) 회향. 넋을 위로함

絵画(カイガ) 회화 ‖ 絵本(エホン) 그림 책

後日(ゴジツ) 후일 ‖ 後悔(コウカイ) 후회

献花(ケンカ) 헌화 ‖ 献立(コンダテ) 식단, 메뉴

懸垂(ケンスイ) 매달림. 턱걸이 ‖ 懸念(ケネン) 근심, 염려

試験(シケン) 시험 ‖ 験者(ゲンジャ) 산 중에서 거친 수행을 하는 행자

嫌悪(ケンオ) 혐오 ‖ 機嫌(キゲン) 기분. 남의 안부

合意(ゴウイ) 합의 ‖ 合併(ガッペイ) 합병 ‖ 合戦(カッセン) 서로 마주쳐 싸움. 접전

行進(コウシン) 행진 ‖ 行跡(ギョウセキ) 행적 ‖ 行灯(アンドン) 사방등

郷愁(キョウシュウ) 향수 ‖ 郷士(ゴウシ) 옛날 농촌에 토착한 무사

香辛料(コウシンリョウ) 향신료 ‖ 香車(キョウシャ) 장기 말의 하나

父兄(フケイ) 부형 ‖ 兄弟(キョウダイ) 형제

形態(ケイタイ) 형태 ‖ 人形(ニンギョウ) 인형

紅茶(コウチャ) 홍차 ‖ 真紅(シンク) 진홍. 진홍색

皇室(コウシツ) 황실 ‖ 法皇(ホウオウ) 법황. 불문에 들어간 上皇

黄河(コウガ) 황하 ‖ 黄疸(オウダン) 황달

興味(キョウミ) 흥미 ‖ 興行(コウギョウ) 흥행

Ⅳ. 단어학습

快い	こころよい	상쾌하다	荷	に	짐
下げる	さげる	내리다	解かす	とかす	녹이다
解く	とく	풀다	許す	ゆるす	허락하다
恵む	めぐむ	은혜를 베풀다	呼ぶ	よぶ	부르다
好む	このむ	좋아하다	湖	みずうみ	호수
戸	と	문	互いに	たがいに	교대로
化ける	ばける	둔갑하다	和らげる	やわらげる	완화시키다
悔いる	くいる	후회하다	懐かしい	なつかしい	그립다
暁	あかつき	새벽	喉	のど	목구멍
朽ちる	くちる	썩다	嗅ぐ	かぐ	냄새 맡다
輝く	かがやく	빛나다	携わる	たずさわる	관계하다. 종사하다
戯れる	たわむれる	놀다	虐げる	しいたげる	학대하다
確かめる	たしかめる	확인하다	惑う	まどう	망설이다

革	かわ	가죽	獲る	える	얻다
汗	あせ	땀	恨む	うらむ	원망하다
軒	のき	처마	賢い	かしこい	어질다
懸る	かかる	걸리다	混ぜる	まぜる	섞다
魂	たましい	혼	患う	わずらう	근심하다
換える	かえる	바꾸다	幻	まぼろし	환상
姫	ひめ	아가씨	薫る	かおる	상쾌하게 느껴지다
痕	あと	흔적	割る	わる	나누다
詰める	つめる	채우다	陥る	おちいる	빠지다
含む	ふくむ	포함하다	険しい	けわしい	험하다
嫌う	きらう	싫어하다	脅かす	おびやかす	위협하다
挟む	はさむ	끼다	狭める	せばめる	좁히다
吸う	すう	숨 들이쉬다	港	みなと	항구
幸い	さいわい	행복	響く	ひびく	울리다
向かう	むかう	향하다	香る	かおる	향기가 나다
蛍	ほたる	반딧불	慌てる	あわてる	당황하다
荒い	あらい	거칠다	興す	おこす	일으키다

▨ V. 문제

1. 가타카나로 제시된 음과 <u>다르게</u> 읽히는 한자를 고르세요.

　　1) カ　　　① 靴　　② 賀　　③ 禍　　④ 荷

　　2) カイ　　　① 快　　② 該　　③ 海　　④ 灰

3) カク　　　① 確　　② 穫　　③ 酷　　④ 核

4) カツ　　　① 割　　② 活　　③ 滑　　④ 詰

5) カン　　　① 含　　② 寒　　③ 患　　④ 陥

6) キ　　　　① 輝　　② 姫　　③ 希　　④ 犠

7) キョウ　　① 脅　　② 挟　　③ 響　　④ 横

8) コ　　　　① 護　　② 湖　　③ 弧　　④ 孤

9) コウ　　　① 候　　② 酵　　③ 衡　　④ 朽

10) コン　　　① 憲　　② 恨　　③ 婚　　④ 魂

2. 가타카나로 제시된 음과 <u>다르게</u> 읽히는 한어를 고르세요.

1) カイホウ　　① 快報　　② 解剖　　③ 解放　　④ 懐抱

2) カキ　　　　① 夏季　　② 花器　　③ 画技　　④ 下記

3) キョウカン　① 郷関　　② 凶漢　　③ 峡間　　④ 行管

4) ゲンカン　　① 顕官　　② 玄関　　③ 現官　　④ 厳寒

5) コウソウ　　① 抗争　　② 後送　　③ 皇宗　　④ 酵素

쉬어가기

「発表するには{時期早尚 vs. 時期尚早}だ」、どっち?

　時期が早すぎるの意で、「時期尚早(しょうそう)」が正しい。「尚」は、まだ、なお、という意味。「尚」と「早」が転倒した「早尚(そうしょう)」という語はない。熟語の転倒では、「大円団」と「大団円」などもしばしば見られる。「団円」は完結の意で、「大団円(だいだんえん)」が正しい。小説や劇で(めでたく事が解決した)最後の場面という意味。「大円団(だいえんだん)」という語はない。

(北原保雄編『問題な日本語 その4』による)

3. 아래의 밑줄 친 부분의 한어를 어떻게 읽는지 괄호 안에 히라가나로 써 넣으세요.

1) 今回のプロジェクトの成功を祝う<u>祝賀</u>会が開催されます。(　　　　　　)

2) <u>該当</u>する資料はすべて提出済みです。(　　　　　　)

3) 彼女は壁に囲まれたように、<u>孤立</u>した生活を送っている。(　　　　　　)

4) 裁判では、<u>収賄</u>の証拠が次々と出てきた。(　　　　　　)

5) 児童<u>虐待</u>は児童の人権を著しく侵害する。(　　　　　　)

6) この絵画には、作者の<u>霊魂</u>が宿っているようだ。(　　　　　　)

7) 裁判の<u>管轄</u>は、事件が起こった場所によって決まる。(　　　　　　)

8) この土壌は、多くの有機物を<u>含有</u>しており、植物の生育に適している。(　　　　　　)

9) この<u>海峡</u>は、潮流が速く、航海が危険である。(　　　　　　)

10) 環境保護団体は、工場の排水による水質汚染に<u>抗議</u>している。(　　　　　　)

4. 다음 밑줄 친 부분의 한자표기어를 어떻게 읽는지 괄호 안에 히라가나로 써 넣으세요.

1) 夢は、決して<u>朽ちる</u>ものではない。(　　　　　　)

2) 彼は会社の経営に<u>携わる</u>傍ら、趣味の音楽活動も行っている。(　　　　　　)

3) 彼は、交通事故で重傷を<u>患い</u>、長期入院している。(　　　　　　)

4) この問題を解決するために、選択肢を<u>狭める</u>必要がある。(　　　　　　)

5) 動物を<u>虐げる</u>ことは許されない行為だ。(　　　　　　)

6) 母は地震に備えて非常袋に水と食料品を<u>詰める</u>。(　　　　　　)

7) 鐘の音が遠くまで<u>響く</u>。(　　　　　　)

8) 彼はストローを使ってジュースを<u>吸って</u>いた。(　　　　　　)

9) 地震が起きたので、みんな<u>慌てて</u>家から飛び出した。(　　　　　　)

10) 僕は親から独立して新たに会社を<u>興す</u>つもりだ。(　　　　　　)

　　일본어 안에서 사용되는 한자에는, 예를 들어 '行'의 경우, '이쿠(いく)', '오코나우(おこなう)'같은 훈독 이외에, '고(コウ)', '교(ギョウ)'등의 음독이 있다. 이 중 '고이(行為コウイ)'의'고(行コウ・カウ)'는 한음(漢音)이라 하여 중국 당나라 때 견당사(遺唐使) 등에 의해 장안(長安, 현재의 西安)으로부터 일본에 전해진 발음이 일본식으로 변화된 것이다. 또한 '슈교(修行シュギョウ)'의 '교(ギョウ・ギャウ)'는 오음(呉音)이라 불리는 것으로 중국남방의 '오(呉)'나라 주변으로부터 당나라 이전 시대에 전래된 것으로 알려진 발음이 일본식으로 변화된 것인데, 주로 불교 관련 단어에 많이 남아 있다. 그리고 '안돈(行灯アンドン)'의 '안(行アン)'도 음독인데, 이것은 송나라 때부터 청나라 때에 걸쳐 선승(禅僧)이나 상인들이 전한 중국남방의 항저우(坑州)와 닝보(寧波)지역을 중심으로 하는 발음이 마찬가지로 일본어식으로 변화된 것으로, 당음(唐音)이라고 불린다(송음(宋音)을 당음과 구분하는 경우도 있다).이외에도 전래된 시대가 오음보다도 오래된 고음(古音)[고대 금석문(金石文)등에서 볼 수 있는 '도(止ト)'가 그 예임. 참고로 '도메루(止(と)める)'의 '도(と)'는 훈독으로 이와 별개임]이 있다. 또 방(旁)으로부터 소리(음)을 유추하여 일본에서 독자적으로 생겨난 관용음(慣用音) 등도 있는데, 모두 중국에서 쓰였던 한자 발음이 그 근간에 있음을 알 수 있다.

(笹原宏之著『訓読みのはなし』による)

5. 다음 한자의 부수를 예에서 찾아 기호로 답하세요.

> 例
>
> ア. 行(ぎょうがまえ)　　イ. ネ(しめすへん)　　ウ. 力(ちから)
>
> エ.音(おと)　　オ. 阝(こざとへん)

　1) 禍(재앙 화)　　　（　　　）

　2) 劾(캐물을 핵)　　（　　　）

　3) 響(울릴 향)　　　（　　　）

　4) 陷(빠질 함)　　　（　　　）

　5) 衡(저울대 형)　　（　　　）

6. 다음 한어의 구성이 예의 ア～オ 중에 어느 것에 해당하는 지 하나를 골라 기호로 답하세요.

例
ア. 同じような意味の漢字を重ねたもの(岩石)
イ. 反対または対応の意味を表す字を重ねたもの(高低)
ウ. 前の字が後ろの字を修飾しているもの(洋画)
エ. 後ろの字が前の字の目的語・補語になっているもの(着席)
オ. 前の字が後ろの字の意味を打ち消しているもの(非常)

1) 環礁かんしょう (   )

2) 懐疑かいぎ (   )

3) 興廃こうはい (   )

4) 懸賞けんしょう (   )

5) 陥没かんぼつ (   )

7. 다음 괄호 안에 두 글자 한어를 넣어 사자성어 한어를 완성시키세요.

1) 喜怒(   ) [人間の様々な感情のこと]

2) (   )協同 [心を一つにして協力すること]

3) 合従(   ) [利害を考えて団結したり離れたりする]

4) (   )津津 [非常に関心があること]

5) 花鳥(   ) [自然の風景や風物の美しさ]

8. 다음 문에는 동일한 일본한자음이지만 틀리게 사용된 한자가 한 자 있습니다.
왼쪽 괄호에는 잘못 사용된 한자를, 오른쪽 괄호에는 올바른 한자를 써 넣으세요.

1) 努力の結果、優勝杯を穫得した。(   ) (   )

2) 偏食せずに抵航力を身につける。(   ) (   )

3) 宇宙船は三日間の飛行を終えて無事帰環した。(   ) (   )

4) ソーラー駆動の電波時計は電池交喚も不要で好評だ。(   ) (   )

5) 森林浴で樹木の芳向を満喫する。(   ) (   )

▌일본 상용한자 2136자중 한국어 초성자음 [ㅋ]과 [ㅎ]이 들어가는 한자음

1. 일본 상용한자 중 한국어 초성자음 [ㅋ]과 [ㅎ]이 들어가는 한자음의 1음절째는 받침의 유무를 막론하고 대부분 カ行 또는 ガ行으로 발음된다. オウ横(가로 횡), ワ和(화할 화), ワ話(말할 화), ワイ賄(뇌물 회), ワク惑(유혹할 혹)과 같이 ア行과 ワ行으로 발음되는 한자도 있다. 또한 アン行(행할 행), エ惠(惠)(지혜 혜), エ会(會)(모일 회), エ回(돌아올 회), エ絵(繪)(그림 회), オウ皇(임금 황), オウ黄(누르 황)과 같이 カ行 이외에 ア行으로 발음되는 한자도 있다.

2. 일본 상용한자 중 한국어 초성자음 [ㅎ]이 들어가고 받침이 들어가는 한자음은 일본어로는 대부분 2음절로 발음된다. 懸(매달 현), 紅(붉을 홍)자만이 ケ, ク로 1음절로 읽혀지는 경우가 있다.

3. 한국어 2음절째 받침의 음에 대한 일본어 2음절째의 음을 정리하면 아래의 표와 같다.

받침	발음	예외
ㄱ	ク	ガイ劾(캐물을 핵)
ㄴ	ン	ケ懸(매달 현) 예 懸念(ケネン) 근심, 염려
ㄹ	ツ	
ㅁ	ン	
ㅂ	ウ	ガッ/カッ合(합할 합) 예 合併(ガッペイ) 합병 / 合戦(カッセン) 서로 마주쳐 싸움. 접전
ㅇ	ウ 일부 イ	アン 行(행할 행) 예 行灯(アンドン) 등불 ク 紅(붉을 홍) 예 真紅(シンク) 진홍. 진홍색

한국어 초성자음 [ㄷ]과 [ㅌ]이 들어가는 상용한자

Ⅰ. 학습목표

이 과에서는 일본 상용한자 2136자 중 한국어 초성자음 [ㄷ]과 [ㅌ]이 들어가는 한자를 대상으로 한자의 음독, 훈독연습을 비롯해 다양한 문제를 풀어본다. 또한 일본 상용한자에 제시된 훈을 단어학습을 통해 세밀하게 학습한다.

이렇게 함으로써 일본 상용한자에 익숙해 짐과 동시에 일본에서 실시하는 공인일본한자능력검정시험 대비도 할 수 있도록 한다.

Ⅱ. 한자음독강의

일본 상용한자 중 한국어 초성자음 [ㄷ]과 [ㅌ]이 들어가는 한자음을 한국과 일본의 한자음의 대응관계를 통해 학습한다.

● 일본 상용한자 중 한국어 초성자음 [ㄷ] [ㅌ]이 들어가고 받침이 없는 한자음

다 　タ　　　　　多(많을)

　　チャ/サ　　茶(차)

　　　　　　　예 番茶(バンチャ) 질 낮은 엽차 / 喫茶(キッサ) 차를 마심.

대 　タイ　　　　待(기다릴), 袋(부대), 貸(빌릴), 隊(떼), 帯(帶)(띠), 戴(일)

タイ/ツイ	対(對)(대답)
	예 対立(タイリツ) 대립 / 対句(ツイク) 대구
ダイ/タイ	代(대신), 大(큰), 台(臺)(대)
	예 世代(セダイ) 세대 / 交代(コウタイ) 교대
	大小(ダイショウ) 대소 / 大衆(タイシュウ) 대중
	灯台(トウダイ) 등대 / 舞台(ブタイ) 무대

ㄷ

ト	塗(진흙), 徒(무리), 渡(건널), 途(길), 賭(걸)
トウ	倒(넘어질), 刀(칼), 到(이를), 島(섬), 悼(서러워할), 桃(복숭아나무),
	逃(달아날), 陶(질그릇), 盗(盜)(도적), 稲(稻)(벼)
ト/ツ	都(都)(도읍)
	예 都会(トカイ) 도회 / 都合(ツゴウ) 형편, 사정
ド/ト/タク	度(법도)
	예 度胸(ドキョウ) 담력, 배짱 / 法度(ハット) 금령 / 支度(シタク) 준비, 채비
ト/ズ	図(圖)(그림)
	예 図書(トショ) 도서 / 図表(ズヒョウ) 도표
チョウ	跳(뛸), 挑(집적거릴)
ドウ	導(인도할)
ドウ/トウ	道(道)(길)
	예 道路(ドウロ) 도로 / 神道(シントウ) 신도

ㄷ

ト	斗(말)
トウ	痘(천연두)
トウ/ズ	豆(콩)
	예 豆腐(トウフ) 두부 / 大豆(ダイズ) 콩
トウ/ドウ/ズ/ド	頭(머리)
	예 頭部(トウブ) 두부 / 船頭(センドウ) 뱃사공 /
	頭脳(ズノウ) 두뇌 / 音頭(オンド) 선창

타	ダ	妥(온당할), 惰(게으를), 打(칠), 堕(墮)(떨어질), 唾(침)
	タ	他(다를)
태	タイ	怠(게으를), 態(태도), 泰(클), 胎(아이밸)
	タ	汰(일)
	ダ	馱(탈)
	タイ/タ	太(클)

例 太陽(タイヨウ) 태양 / 丸太(マルタ) (껍질만 벗긴) 통나무

| 토 | ト | 吐(토할) |
| | ド/ト | 土(흙) |

例 国土(コクド) 국토 / 土地(トチ) 토지

	トウ	討(칠)
퇴	タイ	退(물러날), 堆(언덕)
투	ト	妬(강샘할)
	トウ	投(던질), 透(투명할), 鬪(싸울)

정리 ──────────────────────────

1. 일본 상용한자 중 한국어 초성자음 [ㄷ] [ㅌ]이 들어가고 받침이 없는 한자음의 1음 절째는 대부분 タ行과 ダ行이다. 일부 ザ行으로도 읽히는 경우가 있다. 茶(차 다)자 가 サ로 읽히는 경우는 예외적이다.

2. 첫 번째 음절이 ザ行의 ズ로도 읽히는 한자는 図(圖)(그림 도), 豆(콩 두), 頭(머리 두)자가 있다. 이 한자들은 모두 본래는 ヅ였으나 표기법의 변화로 ズ로 변한 것으로 본래는 ダ行이었다고도 볼 수 있다.

──────────────────────────

● 일본 상용한자 중 한국어 초성자음 [ㄷ] [ㅌ]이 들어가고 받침이 ㄱ인 한자음

| 덕 | トク | 德(德)(덕) |
| 독 | トク | 督(살필), 篤(도타울) |

	ドク	毒(독), 独(獨)(홀로)
	ドク/トク/トウ	読(讀)(읽을)

　　　　　　　　예 読書(ドクショ) 독서 / 読本(トクホン) 독본 / 読点(トウテン) 독점

득	トク	得(얻을)
탁	タク	拓(밀칠), 卓(높을), 濯(씻을), 託(부탁할)
	ダク	濁(흐릴)
택	タク	宅(집), 択(擇)(가릴), 沢(澤)(못)
특	トク	特(특별할)

정리 ───────────────────────────────

1. 일본 상용한자 중 한국어 초성자음 [ㄷ] [ㅌ]이 들어가고 받침이 ㄱ인 한자음의 1음
   절째는 タ行과 ダ行이다.
2. 일본 상용한자 중 한국어 초성자음 [ㄷ] [ㅌ]이 들어가고 받침이 ㄱ인 한자음은 일본
   어로 2음절로 발음되고 2음절째는 대부분 ク가 온다. 예외적으로 読(讀)(읽을 독)자
   에 한해서 2음절째가 ウ로 발음될 때도 있다.

───────────────────────────────

● 일본 상용한자 중 한국어 초성자음 [ㄷ] [ㅌ]이 들어가고 받침이 ㄴ인 한자음

단	タン	丹(붉을), 短(짧을), 端(끝), 鍛(쇠불릴), 単(單)(홑)
	ダン	段(조각), 断(斷)(끊을)
	ダン/タン	壇(제터), 旦(아침)

　　　　　　　　예 壇上(ダンジョウ) 단상 / 土壇場(ドタンバ) 목을 베는 형장, 마지막 순간
　　　　　　　　　　旦那(ダンナ) 주인 / 元旦(ガンタン) 설날

	ダン/トン	団(團)(둥글)

　　　　　　　　예 団結(ダンケツ) 단결 / 布団(フトン) 이불

돈	トン	豚(돼지), 頓(갑자기)

둔	トン	屯(진칠)
	ドン	鈍(둔할)
탄	タン	炭(숯), 誕(탄생할), 嘆(嘆)(탄식할), 綻(옷터질)
	ダン	弾(彈)(탄알)

정리 ————————————————————————————————

1. 일본 상용한자 중 한국어 초성자음 [ㄷ] [ㅌ]이 들어가고 받침이 ㄴ인 한자음의 1음절째는 タ行과 ダ行이다.
2. 일본 상용한자 중 한국어 초성자음 [ㄷ] [ㅌ]이 들어가고 받침이 ㄴ인 한자음은 일본어로 2음절로 발음되고 2음절째는 ン이다.

● **일본 상용한자 중 한국어 초성자음 [ㄷ] [ㅌ]이 들어가고 받침이 ㄹ인 한자음**

달	タツ	達(통달)
돌	トツ	突(突)(부딪칠)
탈	ダツ	奪(빼앗을), 脱(벗을)

정리 ————————————————————————————————

1. 일본 상용한자 중 한국어 초성자음 [ㄷ] [ㅌ]이 들어가고 받침이 ㄹ인 한자음의 1음절째는 タ行과 ダ行이다.
2. 일본 상용한자 중 한국어 초성자음 [ㄷ] [ㅌ]이 들어가고 받침이 ㄹ인 한자음은 일본어로 2음절로 발음되고 2음절째는 ツ이다.

● **일본 상용한자 중 한국어 초성자음 [ㄷ] [ㅌ]이 들어가고 받침이 ㅁ인 한자음**

담	タン	担(擔)(멜), 胆(膽)(쓸개), 淡(물맑을)
	ダン	談(말할)
	ドン	曇(흐릴)

탐	タン	探(찾을)
	ドン	貪(탐할)

정리

1. 일본 상용한자 중 한국어 초성자음 [ㄷ] [ㅌ]이 들어가고 받침이 ㅁ인 한자음의 1음절째는 タ行과 ダ行이다.
2. 일본 상용한자 중 한국어 초성자음 [ㄷ] [ㅌ]이 들어가고 받침이 ㅁ인 한자음은 일본어로 2음절로 발음되고 2음절째는 ン이다.

● 일본 상용한자 중 한국어 초성자음 [ㄷ] [ㅌ]이 들어가고 받침이 ㅂ인 한자음

답	トウ	答(대답), 踏(밟을)
탑	トウ	塔(탑), 搭(탈)

정리

1. 일본 상용한자 중 한국어 초성자음 [ㄷ] [ㅌ]이 들어가고 받침이 ㅂ인 한자음의 1음절째는 タ行이다.
2. 일본 상용한자 중 한국어 초성자음 [ㄷ] [ㅌ]이 들어가고 받침이 ㅂ인 한자음은 일본어로 2음절로 발음되고 2음절째는 ウ이다.

● 일본 상용한자 중 한국어 초성자음 [ㄷ] [ㅌ]이 들어가고 받침이 ㅇ인 한자음

당	トウ	唐(당나라), 糖(사탕), 党(黨)(무리), 当(當)(마땅)
	ドウ	堂(집)
동	トウ	冬(겨울), 凍(얼), 東(동녘), 棟(마룻대)
	ドウ	動(움직일), 同(같을), 洞(마을), 胴(큰창자), 銅(구리), 働(일할), 瞳(눈동자), 童(아이)

	ショウ/ドウ	憧(그리워할)
		예 憧憬(ショウケイ) 동경 / 憧憬(ドウケイ) 동경
등	トウ	等(등급), 謄(베낄), 騰(오를), 灯(燈)(등잔), 藤(등나무)
	トウ/ト	登(오를)
		예 登校(トウコウ) 등교 / 登山(トザン) 등산
탕	トウ	湯(끓일)
통	トウ	筒(대통), 統(거느릴)
	ツウ	痛(아플)
	ツウ/ツ	通(통할)
		예 通行(ツウコウ) 통행 / 通夜(ツヤ) (죽은 사람의 유해를 지키며)밤 샘

정리

1. 일본 상용한자 중 한국어 초성자음 [ㄷ] [ㅌ]이 들어가고 받침이 ㅇ인 한자음의 1음
   절째는 タ行과 ダ行이다. 憧(그리워할 동)자를 ショウ로 읽는 것은 예외적이다.

2. 일본 상용한자 중 한국어 초성자음 [ㄷ] [ㅌ]이 들어가고 받침이 ㅇ인 한자음은 일본
   어로 대부분 2음절로 발음되고 2음절째는 ウ이다. 예외적으로 登(오를 등), 通(통할
   통)자만이 ト, ツ로 1음절로 발음되는 경우도 있다.

Ⅲ. 동자이음한자(同字異音漢字)

番茶(バンチャ) 질 낮은 엽차 ‖ 喫茶(キッサ) 차를 마심

対立(タイリツ) 대립 ‖ 対句(ツイク) 대구

世代(セダイ) 세대 ‖ 交代(コウタイ) 교대

大小(ダイショウ) 대소 ‖ 大衆(タイシュウ) 대중

灯台(トウダイ) 등대 ‖ 舞台(ブタイ) 무대

都会(トカイ) 도회 ‖ 都合(ツゴウ) 형편, 사정

度胸(<u>ド</u>キョウ) 담력, 배짱 ‖ 法<u>度</u>(ハッ<u>ト</u>) 금령 ‖ 支<u>度</u>(シ<u>タク</u>) 준비, 채비

図書(<u>ト</u>ショ) 도서 ‖ 図表(<u>ズ</u>ヒョウ) 도표

道路(<u>ドウ</u>ロ) 도로 ‖ 神<u>道</u>(シン<u>トウ</u>) 신도

豆腐(<u>トウ</u>フ) 두부 ‖ 大<u>豆</u>(ダイ<u>ズ</u>) 콩

頭部(<u>トウ</u>ブ) 두부 ‖ 船頭(セン<u>ドウ</u>) 뱃사공 ‖ 頭脳(<u>ズ</u>ノウ) 두뇌 ‖ 音頭(オン<u>ド</u>) 선창

太陽(<u>タイ</u>ヨウ) 태양 ‖ 丸<u>太</u>(マル<u>タ</u>)(껍질만 벗긴) 통나무

国土(コク<u>ド</u>) 국토 ‖ <u>土</u>地(<u>ト</u>チ) 토지

読書(ド<u>ク</u>ショ) 독서 ‖ 読本(<u>トク</u>ホン) 독본 ‖ 読点(<u>トウ</u>テン) 독점

壇上(<u>ダン</u>ジョウ) 단상 ‖ 土壇場(ド<u>タン</u>バ) 목을 베는 형장, 마지막 순간

団結(<u>ダン</u>ケツ) 단결 ‖ 布団(フ<u>トン</u>) 이불

登校(<u>トウ</u>コウ) 등교 ‖ 登山(<u>ト</u>ザン) 등산

通行(<u>ツウ</u>コウ) 통행 ‖ 通夜(<u>ツ</u>ヤ)(죽은 사람의 유해를 지키며)밤 샘

○ Ⅳ. 단어학습

‖ 袋	ふくろ	자루	‖ 貸す	かす	빌려주다
‖ 帯びる	おびる	띠다	‖ 代	しろ	재료. 대용물
‖ 図る	はかる	노리다. 꾀하다	‖ 塗る	ぬる	바르다
‖ 渡る	わたる	건너다	‖ 賭ける	かける	걸다
‖ 倒れる	たおれる	넘어지다	‖ 刀	かたな	외날의 칼
‖ 悼む	いたむ	애도하다	‖ 挑む	いどむ	도전하다
‖ 逃げる	にげる	달아나다	‖ 逃がす	にがす	놓아주다. 놓치다
‖ 稲	いね	벼	‖ 都	みやこ	수도. 도읍지

盗む	ぬすむ	훔치다	跳ねる	はねる	뛰다
導く	みちびく	인도하다	唾	つば	침
太る	ふとる	살찌다	怠る	おこたる	게으르다
怠ける	なまける	게으름 피우다	吐く	はく	토하다
退く	しりぞく	물러나다	妬む	ねたむ	질투하다
透す	すかす	틈새를 만들다	闘う	たたかう	싸우다
濁る	にごる	탁하게 되다. 흐려지다	沢	さわ	저습지
端	はし	끝	断つ	たつ	끊다
鈍る	にぶる	둔해지다	弾む	はずむ	튀다. 신바람이 나다
弾く	ひく	연주하다. 켜다. 치다	嘆かわしい	なげかわしい	한심스럽다
嘆く	なげく	탄식하다	炭	すみ	숯. 목탄
綻びる	ほころびる	실밥이 풀리다. 터지다	突く	つく	찌르다
奪う	うばう	빼앗다	脱ぐ	ぬぐ	벗다
探る	さぐる	찾다. 살피다	担ぐ	かつぐ	메다
淡い	あわい	진하지 않다	曇る	くもる	흐리다
貪る	むさぼる	탐하다	踏む	ふむ	밟다
凍える	こごえる	얼다. 추위로 곱아지다	動かす	うごかす	움직이게 하다
棟	むね	마룻대	洞	ほら	동굴
瞳	ひとみ	눈동자	童	わらべ	동자. 어린애
憧れる	あこがれる	동경하다	藤	ふじ	등나무
通う	かよう	다니다. 왕래하다	統べる	すべる	총괄하다. 통솔·지배하다
筒	つつ	통			

1. 가타카나로 제시된 음과 <u>다르게</u> 읽히는 한자를 고르세요.

1) タ   ① 多   ② 汰   ③ 唾   ④ 他

2) ダ   ① 茶   ② 堕   ③ 駄   ④ 惰

3) タイ   ① 袋   ② 妥   ③ 胎   ④ 戴

4) タク   ① 濁   ② 託   ③ 沢   ④ 卓

5) タン   ① 淡   ② 炭   ③ 断   ④ 鍛

6) ト   ① 塗   ② 妬   ③ 痘   ④ 賭

7) トウ   ① 筒   ② 踏   ③ 盗   ④ 堂

8) ドウ   ① 胴   ② 導   ③ 銅   ④ 湯

9) トク   ① 徳   ② 毒   ③ 篤   ④ 督

10) ドン   ① 曇   ② 貪   ③ 鈍   ④ 屯

2. 가타카나로 제시된 음과 <u>다르게</u> 읽히는 한어를 고르세요.

1) タイイ   ① 大意   ② 代位   ③ 退位   ④ 胎位

2) ダイチ   ① 対置   ② 大地   ③ 台地   ④ 代置

3) タンコウ   ① 炭鉱   ② 断交   ③ 単行   ④ 淡紅

4) トウガイ   ① 当該   ② 凍害   ③ 等外   ④ 倒壊

5) トクシン   ① 得心   ② 独身   ③ 特進   ④ 篤信

쉬어가기

「お亡くなりになる」vs.「お亡くなりになられる」、どっち?

　「亡くなる」は、死ぬことを婉曲にいう語。「亡くなる」を尊敬表現にした「お亡くなりになる」は正しい表現である。「お亡くなりになられる」は、尊敬表現の「お亡くなりになる」にさらに尊敬の助動詞「れる」を付けたもので、二重敬語となる。敬意過剰な表現で、不適切である。

（北原保雄編『問題な日本語 その4』による）

3. 아래의 밑줄 친 부분의 한어를 어떻게 읽는지 괄호 안에 히라가나로 써 넣으세요.

1) 新しい仕事は待遇が良く、やりがいもある。(　　　　　　)

2) 跳馬台を蹴り上げる瞬間、彼は空を飛ぶ鳥のようだった。(　　　　　　)

3) 彼女は、貧困層への支援活動に熱心な篤志家だ。(　　　　　　)

4) 彼は、困難を乗り越え、鍛鋼のような強い精神力を身につけた。(　　　　　　)

5) 社会の動きに鈍感な学者は時代遅れになる。(　　　　　　)

6) 見事な勝利で、栄光を奪還した。(　　　　　　)

7) 総理大臣の記者会見は重要な談話であった。(　　　　　　)

8) 飛行機に搭乗する前に、パスポートを確認しましょう。(　　　　　　)

9) ダイエット中なので、糖分を控えめにしている。(　　　　　　)

10) 原油価格の騰落は、世界経済に大きな影響を与える。(　　　　　　)

4. 다음 밑줄 친 부분의 한자표기어를 어떻게 읽는지 괄호 안에 히라가나로 써 넣으세요.

1) 彼の突然の訃報に接し、深く悼むとともに、ご遺族の皆様に心よりお悔やみ申し上げます。(　　　　　　)

2) 勉強を怠ると、試験に合格できない。(　　　　　　)

3) 敵を退けるために、勇敢に戦った。(　　　　　　)

4) 紙に光を透かして、文字を読み取ろう。(　　　　　　)

5) 川の水が工場の廃水で濁っている。(　　　　　　)

6) 自分の境遇を嘆くだけでは何も変わらない。(　　　　　　)

7) 彼女は後継者として、会社の未来を担う。(　　　　　　)

8) 少年は差し出されたご飯を貪るように食べた。(　　　　　　)

9) 参加した人々の中で、20年ぶりに故国の土を踏む人もいた。(　　　　　　)

10) 冬の朝、窓ガラスに霜が降り、部屋の中も凍えるように寒い。(　　　　　　)

일본어 안에서 사용되는 한자에는, 예를 들어 '行'의 경우, 'いく', 'おこなう'같은 훈독 이외에 'コウ', 'ギョウ' 등의 음독이 있다. 이 중 '行為(コウイ)'의 '行(コウ・カウ)'는 漢音이라 하여 중국 당나라 때 遣唐使 등에 의해 장안(長安, 현재의 西安)으로부터 일본에 전해진 발음이 일본식으로 변화된 것이다. 또한 '修行(シュギョウ)'의 '行(ギョウ・ギャウ)'는 呉音이라 불리는 것으로 중국 남방의 '呉'나라 주변으로부터 당나라 이전 시대에 전래된 것으로 알려진 발음이 일본식으로 변화된 것인데, 주로 불교 관련 단어에 많이 남아 있다. 그리고 '行灯(アンドン)'의 '行(アン)'도 음독인데, 이것은 송나라 때부터 청나라 때에 걸쳐 선승(禅僧)이나 상인들이 전한 중국 남방의 항저우(杭州)와 닝보(寧波)지역을 중심으로 하는 발음이 마찬가지로 일본어식으로 변화된 것으로, 唐音이라고 불린다(宋音을 당음과 구분하는 경우도 있다). 이외에도 전래된 시기가 오음보다도 오래된 古音(고대 金石文 등에서 볼 수 있는 '止(ト)'가 그 예임)이 있다. 또 旁(방)으로부터 음을 유추하여 일본에서 독자적으로 생겨난 慣用音 등도 있는데, 모두 중국에서 쓰였던 한자 발음이 그 근간에 있음을 알 수 있다.

(笹原宏之著 『訓読みのはなし』による)

5. 다음 한자의 부수를 예에서 찾아 기호로 답하세요.

例
ア. 糸(いとへん)　　イ. 戈(かのほこ)　　ウ. 疒(やまいだれ)　　エ. 目(め)
オ. 屮(てつ)

1) 戴(일 대)　　　　(　　　)

2) 痘(천연두 두)　　(　　　)

3) 督(살필 독)　　　(　　　)

4) 屯(진칠 둔)　　　(　　　)

5) 統(거느릴 통)　　(　　　)

6. 다음 한어의 구성이 예의 ア〜オ 중에 어느 것에 해당하는 지 하나를 골라 기호로 답하세요.

> 例
>
> ア. 同じような意味の漢字を重ねたもの(岩石)
>
> イ. 反対または対応の意味を表す字を重ねたもの(高低)
>
> ウ. 前の字が後ろの字を修飾しているもの(洋画)
>
> エ. 後ろの字が前の字の目的語・補語になっているもの(着席)
>
> オ. 前の字が後ろの字の意味を打ち消しているもの(非常)

1) 堕落だらく   (   )

2) 退寮たいりょう   (   )

3) 胎児たいじ   (   )

4) 断続だんぞく   (   )

5) 盗塁とうるい   (   )

7. 다음 괄호 안에 두 글자 한어를 넣어 사자성어 한어를 완성시키세요.

1) 闘志(   ) [戦う意志がみなぎること]

2) (   )大悲 [かぎりなく大きく広いいつくしむ心]

3) 当代(   ) [現代で最もきわだっていること]

4) (   )自若 [少しも動じないこと]

5) 東奔(   ) [四方八方忙しく走り回ること]

8. 다음 문에는 동일한 일본한자음이지만 틀리게 사용된 한자가 한 자 있습니다. 왼쪽 괄호에는 잘못 사용된 한자를, 오른쪽 괄호에는 올바른 한자를 써 넣으세요.

1) 大学での研究成果は、停帯する経済の活性化に役立ちそうだ。(   )(   )

2) 長年の投病生活を余儀なくされた。(   )(   )

3) 海外への途航費用を必死に稼ぐ。(   )(   )

4) 用具の点検を端念に行った。(   )(   )

5) 極度の奪水症状でレースを棄権した。(   )(   )

┃ 일본 상용한자 2136자중 한국어 초성자음 [ㄷ]과 [ㅌ]이 들어가는 한자음

1. 일본 상용한자 중 한국어 초성자음 [ㄷ] [ㅌ]이 들어가는 한자음의 1음절째는 받침의 유무를 막론하고 대부분 夕行 또는 ダ行으로 발음된다.

2. 1음절째가 ザ行의 ズ로도 읽히는 한자는 図(圖)(그림 도), 豆(콩 두), 頭(머리 두)자가 있는데, 이 한자들은 모두 본래는 ヅ였으나 표기법의 변화로 ズ로 변한 것으로 본래는 ダ行이었다고도 볼 수 있다. 茶(차 다)자가 サ로, 憧(그리워할 동)자를 ショウ로 읽히는 경우는 예외적이다.

3. 일본 상용한자 중 한국어 초성자음 [ㄷ] [ㅌ]이 들어가고 받침이 들어가는 한자음은 일본어로는 대부분 2음절로 발음된다. 登(오를 등), 通(통할 통)자만이 ト, ツ로 1음절로 읽혀지는 경우가 있다.

4. 한국어의 받침에 대한 일본어 2음절째의 발음을 정리하면 아래의 표와 같다.

받침	발음	예외
ㄱ	ク	ト ウ読(讀)(읽을 독) 例 読点(トウテン) 독점
ㄴ	ン	
ㄹ	ツ	
ㅁ	ン	
ㅂ	ウ	
ㅇ	ウ	ト登(오를 등) 例 登山(トザン) 등산 ツ通(통할 통) 例 通夜(ツヤ) (죽은 사람의 유해를 지키며)밤 샘

한국어 초성자음 [ㄴ]과 [ㄹ]이 들어가는 상용한자

I. 학습목표

이 과에서는 일본 상용한자 2136자 중 한국어 초성자음 [ㄴ]과 [ㄹ]이 들어가는 한자를 대상으로 한자의 음독, 훈독연습을 비롯해 다양한 문제를 풀어본다. 또한 일본 상용한자에 제시된 훈을 단어학습을 통해 세밀하게 학습한다.

이렇게 함으로써 일본 상용한자에 익숙해 짐과 동시에 일본에서 실시하는 공인일본한자능력검정시험 대비도 할 수 있도록 한다.

II. 한자음독강의

일본 상용한자 중 한국어 초성자음 [ㄴ]·[ㄹ]이 들어가는 한자음을 한국과 일본의 한자음의 대응관계를 통해 학습한다.

● 일본 상용한자 중 한국어 초성자음 [ㄴ]이 들어가고 받침이 없는 한자음

나	ナ	那(어찌), 奈(어찌)
내	タイ	耐(견딜)
	ナイ/ダイ	内(안)

예 **内外**(ナイガイ) 내외／**内裏**(ダイリ) 天皇이 사는 대궐

노	ド	努(힘쓸), 奴(종), 怒(노할)
뇌	ノウ	悩(惱)(괴로워할), 脳(腦)(뇌)
뇨	ニョウ	尿(오줌)
니	デイ	泥(진흙)
	ニ	尼(중)

정리

1. 일본 상용한자 중 한국어 초성자음 [ㄴ]이 들어가고 받침이 없는 한자음의 1음절째는 ナ行 또는 ダ行으로 발음된다.
2. 耐(견딜 내)자와 같이 예외적으로 タ行으로 발음되는 한자도 있다.

● 일본 상용한자 중 한국어 초성자음 [ㄹ]이 들어가고 받침이 없는 한자음

라	ラ	羅(그물), 裸(옷벗을)
래	ライ	来(來)(올)
려	リョ	慮(생각할), 旅(나그네), 侶(짝)
	レイ	麗(고을), 励(勵)(힘쓸), 戻(戾)(어그러질)
	ロ	呂(음률)
례	レイ	例(법식), 隷(종), 礼(禮)(예식)
로	リョ	虜(虜)(포로)
	ロ	路(길), 炉(爐)(화로)
	ロウ	老(늙을), 労(勞)(일할)
	ロ/ロウ	露(이슬)
		예 露出(ロシュツ) 노출 / 披露(ヒロウ) 피로
뢰	ライ	雷(우뢰), 頼(賴)(의지할)
	ロ	賂(뇌물 줄)

료	リョウ	了(마칠), 僚(벗), 寮(둘을), 料(되질할), 療(병고칠), 瞭(밝을)
루	ルイ	累(여러), 壘(壘)(진), 涙(涙)(눈물)
	ロウ	漏(샐), 楼(樓)(다락)
류	リュウ	柳(버들), 硫(유황)
	ル	瑠(유리)
	ルイ	類(類)(무리)
	リュウ/ル	流(흐를), 留(머무를)

예 流動(リュウドウ) 유동 / 流布(ルフ) 유포

留学(リュウガク) 유학 / 留守(ルス) 부재 중

| 리 | リ | 利(이로울), 吏(아전), 履(신), 理(다스릴), 痢(설사), 裏(속), 里(마을), 離(떠날), 璃(유리) |
| | リン | 厘(리) |

정리

1. 일본 상용한자 중 한국어 초성자음 [ㄹ]이 들어가고 받침이 없는 한자음의 1음절째는 ラ行으로 발음된다.

2. 2음절로 나타나는 한자의 경우 2음절째는 イ 또는 ウ가 일반적이다. 厘(리 리)자는 예외적으로 2음절째가 ン으로 발음된다.

● **일본 상용한자 중 한국어 초성자음 [ㄴ] [ㄹ]이 들어가고 받침이 [ㄱ]인 한자음**

낙	ダク	諾(대답할)
닉	トク	匿(숨을)
락	ラク	絡(이을), 落(떨어질), 酪(유즙)
력	レキ	暦(曆)(책력), 歴(歷)(지낼)
	リョク/リキ	力(힘)

예 権力(ケンリョク) 권력 / 力量(リキリョウ) 역량

록	ロク	録(録)(기록할), 麓(산기슭)
	リョク/ロク	緑(緑)(푸를)
		예 緑茶(リョクチャ) 녹차 / 緑青(ロクショウ) 녹청
륙	リク	陸(뭍)
	ロク	六(여섯)

정리

1. 일본 상용한자 중 한국어 초성자음 [ㄴ]이 들어가고 받침이 [ㄱ]인 한자음은 2음절이고 1음절째는 ダ行과 タ行으로 발음된다.
2. 일본 상용한자 중 한국어 초성자음 [ㄹ]이 들어가고 받침이 [ㄱ]인 한자음은 2음절이고 1음절째는 ラ行으로 발음된다.
3. 일본 상용한자 중 한국어 초성자음 [ㄴ]이 들어가고 받침이 [ㄱ]인 한자음의 2음절째는 ク로 발음된다.
4. 일본 상용한자 중 한국어 초성자음 [ㄹ]이 들어가고 받침이 [ㄱ]인 한자음의 2음절째는 ク 또는 キ로 발음된다.

● **일본 상용한자 중 한국어 초성자음 [ㄴ] [ㄹ]이 들어가고 받침이 [ㄴ]인 한자음**

난	ダン	暖(따뜻할)
	ナン	難(難)(어려울)
년	ネン	年(해)
란	ラン	卵(알), 欄(欄)(난간), 乱(亂)(어지러울)
련	レン	錬(錬)(단련할), 連(잇닿을), 練(練)(익힐), 恋(戀)(사모할)
론	ロン	論(논의할)
륜	リン	倫(인륜), 輪(바퀴)
린	リン	隣(이웃)

1. 일본 상용한자 중 한국어 초성자음 [ㄴ]이 들어가고 받침이 [ㄴ]인 한자음은 2음절이고 1음절째는 ダ行과 ナ行으로 발음된다.
2. 일본 상용한자 중 한국어 초성자음 [ㄹ]이 들어가고 받침이 [ㄴ]인 한자음은 2음절이고 1음절째는 ラ行으로 발음된다.
3. 일본 상용한자 중 한국어 초성자음 [ㄴ]「ㄹ」이 들어가고 받침이 [ㄴ]인 한자음의 2음절째는 ン로 발음된다.

● 일본 상용한자 중 한국어 초성자음 [ㄹ]이 들어가고 받침이 [ㄹ]인 한자음

렬	レツ	列(벌일), 劣(용렬할), 烈(세찰), 裂(찢을)
률	リツ	慄(두려워할)
	リツ/リチ	律(법)

예 法律(ホウリツ) 법률 / 律儀(リチギ) 의리가 두터 움

1. 일본 상용한자 중 한국어 초성자음 [ㄹ]이 들어가고 받침이 [ㄹ]인 한자음은 2음절이고 1음절째는 ラ行으로 발음된다.
2. 일본 상용한자 중 한국어 초성자음 [ㄹ]이 들어가고 받침이 [ㄹ]인 한자음의 2음절째는 대부분 ツ로 발음된다. 律(법 률)자는 두번째 음절을 チ로 읽는 경우도 있다.

● 일본 상용한자 중 한국어 초성자음 [ㄴ] [ㄹ]이 들어가고 받침이 [ㅁ]인 한자음

| 남 | ダン/ナン | 男(남자) |

예 男子(ダンシ) 남자 / 長男(チョウナン) 장남

| | ナン/ナ | 南(남녘) |

예 南北(ナンボク) 남북 / 南無(ナム) 나무

| 념 | ネン | 念(생각), 捻(비틀) |
| 람 | ラン | 濫(넘칠), 覧(覽)(볼), 藍(남빛) |

| 렴 | レン | 廉(청렴할) |
| 림 | リン | 林(수풀), 臨(임할) |

정리

1. 일본 상용한자 중 한국어 초성자음 [ㄴ]이 들어가고 받침이 [ㅁ]인 한자음은 대부분 2음절이고 1음절째는 ダ行 또는 ナ行으로 발음된다. 南(남녘 남)자는 ナ와 같이 1음절로 발음될 때도 있다.

2. 일본 상용한자 중 한국어 초성자음 [ㄹ]이 들어가고 받침이 [ㅁ]인 한자음은 2음절이고 1음절째는 ラ行으로 발음된다.

3. 일본 상용한자 중 한국어 초성자음 [ㄴ] [ㄹ]이 들어가고 받침이 [ㅁ]인 한자음의 2음절째는 ン으로 발음된다.

● **일본 상용한자 중 한국어 초성자음 [ㄴ] [ㄹ]이 들어가고 받침이 [ㅂ]인 한자음**

| 납 | ノウ/ナッ/ナ/ナン/トウ | 納(들일) |

　　　例 収納(シュウノウ) 수납 / 納得(ナットク) 납득 / 納屋(ナヤ) 헛간 /

　　　納戸(ナンド) 의복·가구를 간직해 두는 방 / 出納(スイトウ) 출납

| 렵 | リョウ | 猟(獵)(사냥할) |
| 립 | リツ/リュウ | 立(설) |

　　　例 独立(ドクリツ) 독립 / 建立(コンリュウ) 건립

　　リュウ　　　粒(알)

정리

1. 일본 상용한자 중 한국어 초성자음 [ㄴ]이 들어가고 받침이 [ㅂ]인 納의 한자음은 대부분 2음절이고 1음절째는 대부분 ナ行으로 발음된다.

2. 納屋(ナヤ)헛간의 경우 納자가 예외적으로 1음절로 발음된다. 出納(スイトウ)출납의 경우 納자는 예외적으로 タ行으로 발음된다.

3. 일본 상용한자 중 한국어 초성자음 [ㄹ]이 들어가고 받침이 [ㅂ]인 한자음은 2음절이고 1음절째는 ラ行으로 발음된다.

4. 일본 상용한자 중 한국어 초성자음 [ㄴ]이 들어가고 받침이 [ㅂ]인 納의 2음절째는 대부분 ウ로 발음된다. 단어에 따라 촉음ッ와 ン으로 발음될 때도 있다.

5. 일본 상용한자 중 한국어 초성자음 [ㄹ]이 들어가고 받침이 [ㅂ]인 한자음의 2음절째는 대부분 ウ로 발음된다. 立(설 립)자만이 ッ로 발음될 때도 있다.

● 일본 상용한자 중 한국어 초성자음 [ㄴ] [ㄹ]이 들어가고 받침이 [ㅇ]인 한자음

녕	ネイ	寧(편안할)
농	ノウ	濃(짙을), 農(농사)
능	ノウ	能(능할)
랑	ロウ	浪(물결), 廊(廊)(복도), 朗(朗)(밝을), 郎(郞)(사내)
랭	レイ	冷(찰)
량	リョウ	良(좋을), 量(헤아릴), 涼(서늘할), 両(兩)(두)
	リョウ/ロウ	糧(양식)
		[예] 糧食(リョウショク) 양식 / 兵糧(ヒョウロウ) 군량
령	レイ	令(하여금), 零(떨어질), 齢(齡)(나이)
	リョウ	領(거느릴)
	レイ/リン	鈴(방울)
		[예] 電鈴(デンレイ) 전령 / 風鈴(フウリン) 풍경
	レイ/リョウ	霊(靈)(영묘할)
		[예] 霊感(レイカン) 영감 / 悪霊(アクリョウ) 악령
롱	ロウ	弄(희롱할), 籠(대그릇)
룡	リュウ	竜(龍)(용)
륭	リュウ	隆(隆)(높을)
릉	リョウ	陵(언덕)

1. 일본 상용한자 중 한국어 초성자음 [ㄴ]이 들어가고 받침이 [ㅇ]인 한자음은 2음절이고 1음절째는 대부분 ナ行으로 발음된다.

2. 일본 상용한자 중 한국어 초성자음 [ㄹ]이 들어가고 받침이 [ㅇ]인 한자음은 2음절이고 1음절째는 ラ行으로 발음된다.

3. 일본 상용한자 중 한국어 초성자음 [ㄴ]이 들어가고 받침이 [ㅇ]인 한자음의 2음절째는 대부분 ウ로 발음된다. 寧(편안할 녕)자만이 イ로 발음된다.

4. 일본 상용한자 중 한국어 초성자음 [ㄹ]이 들어가고 받침이 [ㅇ]인 한자음의 2음절째는 대부분 ウ로 발음된다. イ로 발음되는 한자는 冷(찰 랭), 令(하여금 령), 零(떨어질 령), 齢(齡)(나이 령), 鈴(방울 령), 霊(靈)(영묘할 령)이 있다. 특히 鈴(방울 령)자는 2음절째가 ン으로 발음되어 예외적이다.

Ⅲ. 동자이음한자(同字異音漢字)

内外(ナイガイ) 내외 ‖ 内裏(ダイリ) 天皇이 사는 대궐

露出(ロシュツ) 노출 ‖ 披露(ヒロウ) 피로

流動(リュウドウ) 유동 ‖ 流布(ルフ) 유포

留学(リュウガク) 유학 ‖ 留守(ルス) 부재 중

権力(ケンリョク) 권력 ‖ 力量(リキリョウ) 역량

緑茶(リョクチャ) 녹차 ‖ 緑青(ロクショウ) 녹청

法律(ホウリツ) 법률 ‖ 律儀(リチギ) 의리가 두터움

男子(ダンシ) 남자 ‖ 長男(チョウナン) 장남

南北(ナンボク) 남북 ‖ 南無(ナム) 나무

収納(シュウノウ) 수납 ‖ 納得(ナットク) 납득 ‖ 納屋(ナヤ)헛간 ‖ 納戸(ナンド)
의복·가구 따위를 간직하여 두는 방 ‖ 出納(スイトウ) 출납

独立(ドクリツ) 독립 ‖ 建立(コンリュウ)건립

糧食(リョウショク) 양식 ‖ 兵糧(ヒョウロウ) 군량

電鈴(デンレイ) 전령 ‖ 風鈴(フウリン) 풍경

霊感(レイカン) 영감 ‖ 悪霊(アクリョウ) 악령

Ⅳ. 단어학습

耐える	たえる	견디다	努める	つとめる	힘쓰다
怒る	おこる	노하다	悩む	なやむ	고민하다
悩ます	なやます	괴롭히다	尼	あま	비구니
泥	どろ	진흙	裸	はだか	알몸
来す	きたす	오게하다. 초래하다	励む	はげむ	힘쓰다
励ます	はげます	격려하다	戻る	もどる	돌아오다
戻す	もどす	되돌리다.	旅	たび	여행
麗しい	うるわしい	아름답다	例える	たとえる	예를들다. 비유하다
老いる	おいる	늙다	老ける	ふける	나이를 먹다. 늙다
露	つゆ	이슬	雷	かみなり	천둥, 우뢰
頼む	たのむ	의뢰하다	頼もしい	たのもしい	미덥다
頼る	たよる	의지하다	涙	なみだ	눈물
漏らす	もらす	새게하다. 누설하다	漏れる	もれる	새다
類い	たぐい	종류	柳	やなぎ	버드나무
流れる	ながれる	흐르다	留まる	とまる	머무르다

‖ 利く	きく	잘 움직이다	‖ 履く	はく	신다
‖ 裏	うら	뒤	‖ 離れる	はなれる	떨어지다
‖ 里	さと	마을	‖ 絡む	からむ	얽히다
‖ 暦	こよみ	달력	‖ 麓	ふもと	산기슭
‖ 暖かい	あたたかい	따뜻하다	‖ 乱れる	みだれる	어지럽다
‖ 練る	ねる	반죽하다	‖ 輪	わ	바퀴
‖ 隣	となり	이웃	‖ 劣る	おとる	뒤떨어지다
‖ 裂ける	さける	찢어지다	‖ 緑	みどり	녹색, 초록
‖ 臨む	のぞむ	임하다	‖ 納める	おさめる	납입하다
‖ 粒	つぶ	알	‖ 濃い	こい	짙다
‖ 冷たい	つめたい	차다	‖ 量る	はかる	헤아리다
‖ 涼しい	すずしい	서늘하다	‖ 糧	かて	양식
‖ 鈴	すず	방울	‖ 霊	たま	영혼
‖ 弄ぶ	もてあそぶ	가지고 놀다	‖ 籠	かご	바구니
‖ 籠る	こもる	틀어 박히다	‖ 陵	みささぎ	능

◇ Ⅴ. 문제

1. 가타카나로 제시된 음과 <u>다르게</u> 읽히는 한자를 고르세요.

1) ノウ   ① 悩   ② 脳   ③ 農   ④ 努

2) ライ   ① 戻   ② 雷   ③ 頼   ④ 来

3) ラク   ① 落   ② 絡   ③ 諾   ④ 酪

4) ラン   ① 濫   ② 難   ③ 欄   ④ 卵

5) リュウ   ① 療   ② 粒   ③ 龍   ④ 柳

6) リョウ   ① 寮   ② 領   ③ 隆   ④ 陵

7) リン   ① 輪   ② 倫   ③ 臨   ④ 廉

8) ルイ   ① 類   ② 隷   ③ 累   ④ 涙

9) レツ   ① 律   ② 列   ③ 劣   ④ 裂

10) ロウ   ① 漏   ② 賂   ③ 楼   ④ 朗

2. 가타카나로 제시된 음과 <u>다르게</u> 읽히는 한어를 고르세요.

1) ノウエン   ① 脳炎   ② 濃艶   ③ 狼煙   ④ 農園

2) ランセイ   ① 濫製   ② 乱世   ③ 卵生   ④ 錬成

3) リョウカン   ① 猟官   ② 量感   ③ 僚艦   ④ 両岸

4) レイカ   ① 雷火   ② 冷夏   ③ 零下   ④ 霊化

5) ロウショウ   ① 労相   ② 楼上   ③ 老将   ④ 朗唱

쉬어가기

「いしゅく」は、「萎縮」vs.「委縮」、どっち?

　どちらの表記も用いられるが、「萎縮」が標準的な表記。「萎縮」は生気をなくしてちぢこまること。しおれるという意味の「萎」を用いた「萎縮」が本来の書き方だ。しかし、常用漢字表に「萎」の字がなかったため、常用漢字である「委」を用いた「委縮」が代用表記として使われてきた。しかし、「委縮」はあまり定着せず、平成二二年の常用漢字表の改定で「萎」が常用漢字となり、「萎縮」が改めて標準的な表記ということになった。

（北原保雄編『問題な日本語 その4』による）

---

3. 아래의 밑줄 친 부분의 한어를 어떻게 읽는지 괄호 안에 히라가나로 써 넣으세요.

1) 彼の<u>忍耐</u>のおかげで、チームは危機を乗り越えることができた。(   )

2) 第二次世界大戦中、多くの兵士が<u>捕虜</u>になった。(   )

3) このイベントの来場者数は、3日間で<u>累計</u>10万人を超えた。(   )

4) この事務所には相続財産隠匿に関する悩みを抱える人がよく来る。(　　　　　　)

5) このプロジェクトは、倫理的な観点からも慎重に検討すべきだ。(　　　　　)

6) プレゼンテーションが上手な同僚を見て、劣等感を抱いた。(　　　　　)

7) バレーボールの練習中に指を捻挫してしまった。(　　　　　)

8) 猟師の手にかかれば、どんな獲物も逃れることはできない。(　　　　　)

9) 最近、自然環境を利用した冷却方式が注目されている。(　　　　　)

10) 彼女は彼の失敗を嘲弄し、彼の心を深く傷つけた。(　　　　　)

4. 다음 밑줄 친 부분의 한자표기어를 어떻게 읽는지 괄호 안에 히라가나로 써 넣으세요.

1) 満月が夜空に麗しく輝いている。(　　　　　　)

2) 資金が整い安心して商売に励むことができた。(　　　　　)

3) 企業秘密が外部に漏れることは、大きな損失につながる。(　　　　　)

4) 夕焼けに染まる山の麓は、まるで絵画のようだった。(　　　　　)

5) 経済危機で国の秩序が乱れる。(　　　　　)

6) 雷で木が大きく裂ける光景を目撃した。(　　　　　)

7) 彼は裁判に臨むに当たり書類を整える。(　　　　　)

8) いまが税金を税務署に納める時期だ。(　　　　　)

9) 皇居の近くには、多くの皇族の陵がある。(　　　　　)

10) 体育の時間は運動靴を履き替えます。(　　　　　)

> **미니상식** **음독이 훈독으로**
>
> 『상용한자표』에서 '枠'는 '와쿠(わく)'와 같이 히라가나 표기로 나타나며, 훈독으로 처리되고 있다. 단 이 단어의 어원은 '籆'로 '얼레(いとわく)'를 의미하는 글자의 음독 '와쿠(ワく)'이다. 그 자체는 '桙(ソツ ほぞ)'의 약자로 볼 수 있으며, 일반적으로 고쿠지로 취급되고 있다.
>
> 또한 '마리'를 셀 때 쓰는 '匹'은 『상용한자표』에서 '히쓰(ヒツ)'가 자음, '히키(ひき)'가 자훈으로 나온다. 『당용한자음훈표』가 1972년경에 개정되었을 때, '匹'의 '히키(ひき)', '州'의 '스(す)', '奥'의 '오쿠(おく)'가 음독에서 훈독으로 변경되었다. '히키'는 '히쓰'로부터 관용적으로 파생된 자음일 가능성도 있지만 고유일본어 '히키(引き)'에서 왔다는 등 여러 설이 있어 훈독으로 되었다. 한 마리, 두 마리, 세 마리의 경우 '잇피키・니히키・산비키(一匹・二匹・三匹)'와 같이 'p', 'h', 'b' 처럼 발음이 변하는 것은 다른 조수사(助数詞), 예를 들어 가늘고 긴 물건을 셀 때 쓰는 '혼(本ホン)'도 마찬가지다. '州(洲)'의 '스(す)'는 자음 '슈(シュウ(シュ))'에서 왔다는 설이 있으며, 또 관용음으로 보는 견해도 있다.
>
> (笹原宏之著 『訓読みのはなし』による)

---

5. 다음 한자의 부수를 예에서 찾아 기호로 답하세요.

> 例
>
> ア. 广(まだれ)   イ. 尸(しかばね)   ウ. 罒(よんがしら)
>
> エ. 酉(さけのとり)   オ. 車(くるま)

1) 尼(중 니)   (   )

2) 羅(그물 라)   (   )

3) 酪(유즙 락)   (   )

4) 輪(바퀴 륜)   (   )

5) 廉(청렴할 렴)   (   )

6. 다음 한어의 구성이 예의 ア~オ 중에 어느 것에 해당하는 지 하나를 골라 기호로
답하세요.

> 例
>
> ア. 同じような意味の漢字を重ねたもの(岩石)
>
> イ. 反対または対応の意味を表す字を重ねたもの(高低)
>
> ウ. 前の字が後ろの字を修飾しているもの(洋画)
>
> エ. 後ろの字が前の字の目的語・補語になっているもの(着席)
>
> オ. 前の字が後ろの字の意味を打ち消しているもの(非常)

1) 耐乏たいぼう   (   )

2) 露顕ろけん   (   )

3) 輪禍りんか   (   )

4) 離礁りしょう   (   )

5) 任免にんめん   (   )

7. 다음 괄호 안에 두 글자 한어를 넣어 사자성어 한어를 완성시키세요.

1) (   )外患 [内部にも外部にも問題が多いこと]

2) 落花(   ) [男女が互いに慕い合うこと]

3) 良風(   ) [良く美しい風習]

4) 暖衣(   ) [生活になんの不自由もないこと]

5) (   )蛇尾 [始めは盛んだが終わりは振るわない]

8. 다음 문에는 동일한 일본한자음이지만 틀리게 사용된 한자가 한 자 있습니다.
왼쪽 괄호에는 잘못 사용된 한자를, 오른쪽 괄호에는 올바른 한자를 써 넣으세요.

1) 国会で医寮費削減の法案が可決された。(   ) (   )

2) 筆者の鋭利な洞察と流冷な語り口が読者を飽きさせない。(   ) (   )

3) 小説の錬載が中止になる。(   ) (   )

4) これは長年に渡って書き上げた狼作だ。(   ) (   )

5) 明治時代になって太陽歴が採用された。(   ) (   )

▌일본 상용한자 2136자중 한국어 초성자음 [ㄴ]·[ㄹ]이 들어가는 한자음

1. 일본 상용한자 중 한국어 초성자음 [ㄴ]이 들어가는 한자음의 1음절째는 받침의 유무를 막론하고 대부분 ナ行 또는 ダ行으로 발음된다. 일부 タイ耐(견딜 내), トク匿(숨을 닉)자는 タ行으로 읽혀진다. 納(들일 납)자도 예외적으로 出納(スイトウ)의 경우 タ行으로 읽혀진다.

2. 일본 상용한자 중 한국어 초성자음 [ㄹ]이 들어가는 한자음의 1음절째는 받침의 유무를 막론하고 ラ行으로 발음된다.

3. 일본 상용한자 중 한국어 초성자음 [ㄹ]이 들어가고 받침이 없는 한자음 중, 2음절로 나타나는 한자의 경우 2음절째는 イ 또는 ウ가 일반적이다. 厘(리 리)자는 예외적으로 2음절째가 ン으로 발음된다.

4. 일본 상용한자 중 한국어 초성자음 [ㄴ]이 들어가고 받침이 있는 한자음은 일본어로는 대부분 2음절로 발음된다. 南無(ナム)의 경우 南(남녘 남)자와 納屋(ナヤ)의 경우 納(들일 납)자만이 1음절로 읽혀지는 경우가 있다.

5. 일본 상용한자 중 한국어 초성자음 [ㄹ]이 들어가고 받침이 있는 한자음은 일본어로는 2음절로 발음된다.

6. 한국어 받침에 대한 일본어 2음절째의 발음을 정리하면 아래의 표와 같다.

받침	발음	예외
ㄱ	ク또는 キ	
ㄴ	ン	
ㄹ	ッ	律(법 률) 예 律儀(リチギ) 의리가 두터움
ㅁ	ン	
ㅂ	ウ	納(들일 납) 예 納得(ナットク) 납득 / 納屋(ナヤ) 헛간 / 納戸(ナンド) 의복·가구 따위를 간직하여 두는 방 リツ 立(설 립)
ㅇ	ウ또는 イ	鈴(방울 령) 예 風鈴(フウリン) 풍경

한국어 초성자음 [ㅁ]이 들어가는 상용한자

제7과

Ⅰ. 학습목표

이 과에서는 일본 상용한자 2136자 중 한국어 초성자음 [ㅁ]이 들어가는 한자를 대상으로 한자의 음독, 훈독연습을 비롯해 다양한 문제를 풀어본다. 또한 일본 상용한자에 제시된 훈을 단어학습을 통해 세밀하게 학습한다.

이렇게 함으로써 일본 상용한자에 익숙해 짐과 동시에 일본에서 실시하는 공인일본한자능력검정시험 대비도 할 수 있도록 한다.

Ⅱ. 한자음독강의

일본 상용한자 중 한국어 초성자음 [ㅁ]이 들어가는 한자음을 한국어와 일본어의 한자음의 대응관계를 통해 학습한다.

● **일본 상용한자 중 한국어 초성자음 [ㅁ]이 들어가고 받침이 없는 한자음**

마	マ	摩(갈), 磨(갈), 魔(마귀), 麻(삼)
	バ	馬(말)
매	バイ	媒(중매), 買(살), 梅(梅)(매화), 売(賣)(팔)
	マイ	埋(묻을), 妹(누이), 枚(종이), 毎(每)(매양), 昧(어두울)

	バ	罵(욕할)
	ミ	魅(호릴)
모	ブ	侮(侮)(업신여길)
	ボ	募(모을), 慕(사모할), 暮(저물), 母(어미)
	ボウ	冒(무릅쓸), 帽(모자), 某(아무), 貌(얼굴)
	ボウ/ム	謀(꾀)
		예 謀略(ボウリャク) 모략 / 謀反(ムホン) 모반
	ム	矛(창)
	ボ/モ	模(법)
		예 規模(キボ) 규모 / 模範(モハン) 모범
	モウ	毛(털)
	モウ/コウ	耗(줄)
		예 消耗(ショウモウ) 소모 / 心神耗弱(シンシンコウジャク) 심신모약. 심신의
		정상적인 활동이 극히 곤란 한 상태
묘	ビョウ	描(모뜰), 猫(고양이), 苗(모)
	ボ	墓(무덤)
	ミョウ	妙(묘할)
무	ム/ブ	武(굳셀)
		예 荒武者(アラムシャ) 예의와 멋을 모르는 우악한 무사 / 武力(ブリョク) 무력
	ブ	舞(춤출)
	ボウ	貿(무역할)
	ム	務(힘쓸), 無(없을), 霧(안개)
	モ	茂(무성할)
미	ビ	尾(꼬리), 微(작을), 美(아름다울)

ミ	味(맛), 未(아닐)
ビ/ミ	眉(눈썹)
	예 眉雪(ビセツ) 미설 / 眉間(ミケン) 미간
メイ	迷(미혹할)
ベイ/マイ	米(쌀)
	예 米作(ベイサク) 쌀 농사 / 白米(ハクマイ) 흰쌀

정리

1. 일본 상용한자 중 한국어 초성자음 [ㅁ]이 들어가고 받침이 없는 한자음의 1음절째는 대부분 マ行과 バ行이다.
2. 耗(줄 모)자만이 예외적으로 カ行으로도 읽히는 경우가 있다.

● 일본 상용한자 중 한국어 초성자음 [ㅁ]이 들어가고 받침이 ㄱ인 한자음

막	バク	漠(사막)
	マク/バク	幕(장막)
		예 天幕(テンマク) 천막 / 幕府(バクフ) 막부
	マク	膜(막)
맥	バク	麦(麥)(보리)
	ミャク	脈(맥)
목	ボク	牧(칠), 睦(화목할)
	ボク/モク	木(나무), 目(눈)
		예 土木(ドボク) 토목 / 樹木(ジュモク) 수목
		面目(メンボク) 면목 / 項目(コウモク) 항목
묵	ボク	墨(墨)(먹)
	モク	黙(默)(잠잠할)

1. 일본 상용한자 중 한국어 초성자음 [ㅁ]이 들어가고 받침이 ㄱ인 한자음의 1음절째
   는 マ行과 バ行이다.

2. 일본 상용한자 중 한국어 초성자음 [ㅁ]이 들어가고 받침이 ㄱ인 한자음은 일본어로
   는 2음절로 발음되고 2음절째는 ク가 온다.

● 일본 상용한자 중 한국어 초성자음 [ㅁ]이 들어가고 받침이 ㄴ인 한자음

만	バン	晩(저물), 蛮(蠻)(오랑캐)
	マン	慢(게으를), 漫(부질없을), 満(滿)(찰)
	マン/バン	万(萬)(일만)
		예 万年筆(マンネンヒツ) 만년필 / 万全(バンゼン) 만전
	ワン	湾(灣)(물굽이)
면	ベン	勉(힘쓸)
	ミン	眠(쉴)
	メン	綿(솜), 面(낯), 免(면할), 麺(면)
문	モン	問(물을), 紋(무늬), 門(문)
	モン/ブン	文(글월), 聞(들을)
		예 天文学(テンモンガク) 천문학 / 文学(ブンガク) 문학
		聴聞(チョウモン) 청문 / 新聞(シンブン) 신문
민	ビン	敏(敏)(민첩할)
	ミン	民(백성)

---

1. 일본 상용한자 중 한국어 초성자음 [ㅁ]이 들어가고 받침이 ㄴ인 한자음의 1음절
   째는 대부분 マ行과 バ行이다. 湾(灣)(물굽이 만)자만이 ワン으로 ワ行으로 읽혀
   진다.

2. 일본 상용한자 중 한국어 초성자음 [ㅁ]이 들어가고 받침이 ㄴ인 한자음은 일본어로
   는 2음절로 발음되고 2음절째는 ン으로 발음된다.

● **일본 상용한자 중 한국어 초성자음 [ㅁ]이 들어가고 받침이 ㄹ인 한자음**

| 말 | マツ | 抹(바를) |
| | マツ/バツ | 末(끝) |

   [예] 粉末(フンマツ) 분말 / 末弟(バッテイ) 막내동생

| 멸 | メツ | 滅(멸할) |
| | ベツ | 蔑(업신여길) |

| 몰 | ボツ | 没(잠길) |

| 물 | ブツ/モツ | 物(만물) |

   [예] 人物(ジンブツ) 인물 / 食物(ショクモツ) 식물

| 밀 | ミツ | 密(빽빽할), 蜜(꿀) |

정리 ─────────────

1. 일본 상용한자 중 한국어 초성자음 [ㅁ]이 들어가고 받침이 ㄹ인 한자음의 1음절째
   는 マ行과 バ行이다.
2. 일본 상용한자 중 한국어 초성자음 [ㅁ]이 들어가고 받침이 ㄹ인 한자음은 일본어로
   는 2음절로 발음되고 2음절째는 ツ로 발음된다.

● **일본 상용한자 중 한국어 초성자음 [ㅁ]이 들어가고 받침이 ㅇ인 한자음**

망	ボウ	忘(잊을), 忙(바쁠)
	モウ	網(그물)
	ボウ/モウ	亡(망할), 望(바랄), 妄(망령될)

   [예] 亡命(ボウメイ) 망명 / 亡者(モウジャ) 망자

希望(キボウ)희망 / 大望(タイモウ)대망

妄言(ボウゲン)망언 / 妄想(モウソウ)망상

맹	メイ	盟(맹세)
	モウ	猛(사나울), 盲(소경)
명	メイ	銘(새길), 鳴(울)
	メイ/ミョウ	名(이름), 命(목숨), 明(밝을), 冥(어두울)

예 名誉(メイヨ) 명예 / 本名(ホンミョウ) 본명

運命(ウンメイ) 운명 / 寿命(ジュミョウ) 수명

明暗(メイアン) 명암 / 光明(コウミョウ) 광명

冥福(メイフク) 명복 / 冥加(ミョウガ) 신불의 은혜

| 몽 | ム | 夢(꿈) |

정리

1. 일본 상용한자 중 한국어 초성자음 [ㅁ]이 들어가고 받침이 ㅇ인 한자음의 1음절째는 マ行과 バ行이나.

2. 일본 상용한자 중 한국어 초성자음 [ㅁ]이 들어가고 받침이 ㅇ인 한자음은 일본어로는 대부분 2음절로 발음되고 2음절째는 대부분 ウ로 발음된다. 예외적으로 夢(꿈 몽)자는 ム로 1음절로 발음된다.

Ⅲ. 동자이음한자(同字異音漢字)

米作(ベイサク) 쌀 농사 ∥ 白米(ハクマイ) 흰쌀

謀略(ボウリャク) 모략 ∥ 謀反(ムホン) 모반

消耗(ショウモウ) 소모 ∥ 心神耗弱(シンシンコウジャク) 심신모약. 심신의 정상적인 활동이 극히 곤란한 상태

荒武者(アラムシャ) 예의와 멋을 모르는 우악한 무사 ∥ 武力(ブリョク) 무력

眉雪(ビセツ) 미설 ∥ 眉間(ミケン) 미간

天幕(テンマク) 천막 ‖ 幕府(バクフ) 막부

土木(ドボク) 토목 ‖ 樹木(ジュモク) 수목

万年筆(マンネンヒツ) 만년필 ‖ 万全(バンゼン) 만전

天文学(テンモンガク) 천문학 ‖ 文学(ブンガク) 문학

聴聞(チョウモン) 청문 ‖ 新聞(シンブン) 신문

人物(ジンブツ) 인물 ‖ 食物(ショクモツ) 식물

亡命(ボウメイ) 망명 ‖ 亡者(モウジャ) 망자

希望(キボウ) 희망 ‖ 大望(タイモウ) 대망

妄言(ボウゲン) 망언 ‖ 妄想(モウソウ) 망상

名誉(メイヨ) 명예 ‖ 本名(ホンミョウ) 본명

運命(ウンメイ) 운명 ‖ 寿命(ジュミョウ) 수명

明暗(メイアン) 명암 ‖ 光明(コウミョウ) 광명

冥福(メイフク) 명복 ‖ 冥加(ミョウガ) 신불의 은혜

◦ IV. 단어학습

磨く	みがく	갈다	麻	あさ	삼베
埋める	うめる	묻다	埋まる	うまる	매워지다
売れる	うれる	팔리다	梅	うめ	매화
妹	いもうと	여동생	罵る	ののしる	매도하다
侮る	あなどる	경시하다	募る	つのる	모으다
慕う	したう	사모하다	暮れる	くれる	저물다

暮らす	くらす	보내다. 살다	冒す	おかす	더럽히다
謀る	はかる	꾀하다	毛	け	털
矛	ほこ	창	墓	はか	무덤
猫	ねこ	고양이	描く	えがく	묘사하다
苗	なえ	모종	舞う	まう	춤추다
務める	つとめる	힘쓰다	霧	きり	안개
茂る	しげる	무성하다	味わう	あじわう	맛보다
尾	お	꼬리	眉	まゆ	눈썹
米	こめ	쌀	迷う	まよう	헤매다
麦	むぎ	보리	牧	まき	목장
墨	すみ	먹	黙る	だまる	잠잠하다
満ちる	みちる	차다	満たす	みたす	채우다
眠い	ねむい	졸리다	眠る	ねむる	자다
綿	わた	면	面	つら	얼굴. 모양
免れる	まぬかれる	면하다	問う	とう	묻다
文	ふみ	서한	門	かど	문. 집 앞
民	たみ	백성. 인민	滅びる	ほろびる	멸하다
滅ぼす	ほろぼす	멸망시키다. 망치다	蔑む	さげすむ	업신여기다
末	すえ	끝	名	な	이름
命	いのち	생명	明るむ	あかるむ	밝아지다
明らむ	あからむ	(동이 터서) 훤해지다	忘れる	わすれる	잊다
忙しい	いそがしい	바쁘다	網	あみ	그물

望む	のぞむ	바라다	鳴く	なく	울다
鳴らす	ならす	울리다	夢	ゆめ	꿈

◇ V. 문제

1. 가타카나로 제시된 음과 <u>다르게</u> 읽히는 한자를 고르세요.

1) ボ 　　① 慕 　② 貌 　③ 慕 　④ 墓

2) マ 　　① 摩 　② 磨 　③ 麻 　④ 罵

3) ム 　　① 無 　② 務 　③ 茂 　④ 霧

4) バク 　① 膜 　② 漠 　③ 麦 　④ 爆

5) ビョウ ① 描 　② 猫 　③ 苗 　④ 妙

6) ボウ 　① 盲 　② 帽 　③ 忙 　④ 某

7) マイ 　① 妹 　② 枚 　③ 媒 　④ 埋

8) マン 　① 漫 　② 蛮 　③ 慢 　④ 満

9) メイ 　① 銘 　② 鳴 　③ 梅 　④ 盟

10) モウ 　① 網 　② 猛 　③ 忙 　④ 毛

2. 가타카나로 제시된 음과 <u>다르게</u> 읽히는 한어를 고르세요.

1) ボウケン ① 冒険 　② 妄言 　③ 望見 　④ 剖検

2) ボシ 　　① 母子 　② 墓誌 　③ 暮歯 　④ 保持

3) ミカン 　① 未完 　② 蜜柑 　③ 味感 　④ 美観

4) メイキ 　① 銘記 　② 明記 　③ 米機 　④ 名器

5) モンチュウ ① 紋帳 　② 門柱 　③ 問注 　④ 門中

3. 아래의 밑줄 친 부분의 한어를 어떻게 읽는지 괄호 안에 히라가나로 써 넣으세요.

　　1) このタイヤは摩耗が激しく、交換が必要です。(　　　　　)

　　2) 中国経済の矛盾が露呈し始めている。(　　　　　)

　　3) この絵は、夕焼けの風景を美しく描写している。(　　　　　)

　　4) 今日の天気は微妙で、雨が降るかもしれない。(　　　　　)

　　5) 鼓膜が破れると、一時的に聞こえなくなる。(　　　　　)

　　6) モンゴルでは、遊牧民が牧畜をしながら生活している。(　　　　　)

　　7) この地域は、慢性的な水不足に苦しんでいる。(　　　　　)

　　8) 彼の傲慢な態度は、周囲の人々から軽蔑されている。(　　　　　)

　　9) この辞典はあらゆるゲーム用語を網羅したものである。(　　　　　)

　　10) 最後の1分で、相手チームは猛攻を仕掛けてきた。(　　　　　)

4. 다음 밑줄 친 부분의 한자표기어를 어떻게 읽는지 괄호 안에 히라가나로 써 넣으세요

　　1) 彼は毎日、ピアノを弾いて演奏技術を磨いている。(　　　　　)

　　2) 若者を侮るような発言は、決して許されない。(　　　　　)

　　3) 川岸には葦が茂り、小鳥のさえずりが聞こえた。(　　　　　)

　　4) 妻は怒ると黙るくせがある。(　　　　　)

　　5) 彼は責任から免れるために嘘をついた。(　　　　　)

　　6) 核戦争が起これば地球は滅びるだろう。(　　　　　)

7) 先輩を蔑むような言動は慎むべきだ。(　　　　　　)

8) 未来が明るむ兆しが見え始めた。(　　　　　　)

9) 夕暮れ時、からすが鳴きながら飛んで行く。(　　　　　　)

10) チームは結束を忘れると負けるものだ。(　　　　　　)

미니상식　**국명의 훈독**

　국명에 있어서 일본과 중국에서 음역이 맡은 기능의 차이는 더욱 현저하다. 예를 들면 일본인이 '仏蘭西'라는 한자를 '프랑스'처럼 字音에 구애받지 않고도 읽을 수 있는 것은 역시 일본어에 훈독이 있기 때문이다.이것은 청나라 때 처음에는 광동어에 의한 음역으로 추측되고 있다. '仏=호토케(ほとけ)'라는 글자가 사용된 것은 의미가 아니라 'f'에 가까운 발음의 글자가 선택되었기 때문이다.'仏蘭西'는 북경어로 발음하면 '포란시'와 같이 한자음에 충실하게 읽게 되는데, 프랑스어나 영어의 원음과는 다소 차이가 있다.

　한국에서도 프랑스를 '佛蘭西'라고 표기하는데, 발음은 '불란서'로 어디까지나 한자 한 글자씩 음독으로 읽는다.이에 대해 일본에서는 '난후쯔(南仏ナンフツ: 남프랑스)'라던가 '후쯔고(仏語フツゴ: 프랑스어)'처럼 줄여서 말하는 경우는 있어도 '仏蘭西'의 세 글자를 한 글자씩 '후쓰・란・세이(フツ・ラン・セイ)'라고는 결코 읽지 않는다.

(笹原宏之著 『訓読みのはなし』による)

5. 다음 한자의 부수를 예에서 찾아 기호로 답하세요.

例

ア. 宀(わかんむり)　　イ. 鬼(おに)　　ウ. 目(め)　　エ. 毋(なかれ)

オ. 攵(ぼくづくり)

1) 魔(마귀 마)　　(　　　)

2) 冒(무릅쓸 모)　　(　　　)

3) 毎(매양 매)　　(　　　)

4) 敏(민첩할 민)　　(　　　)

5) 冥(어두울 명)　　(　　　)

6. 다음 한어의 구성이 예의 ア~オ 중에 어느 것에 해당하는 지 하나를 골라 기호로
답하세요.

> 例
> ア. 同じような意味の漢字を重ねたもの(岩石)
> イ. 反対または対応の意味を表す字を重ねたもの(高低)
> ウ. 前の字が後ろの字を修飾しているもの(洋画)
> エ. 後ろの字が前の字の目的語・補語になっているもの(着席)
> オ. 前の字が後ろの字の意味を打ち消しているもの(非常)

1) 未遂みすい   (   )

2) 模擬もぎ   (   )

3) 媒体ばいたい   (   )

4) 免税めんぜい   (   )

5) 明滅めいめつ   (   )

7. 다음 괄호 안에 두 글자 한어를 넣어 사자성어 한어를 완성시키세요.

1) (   )止水 [心にわだかまりや迷いがない]

2) (   )両道 [学問と武芸の両方]

3) 美辞(   ) [上べだけを飾り立てた美しい言葉]

4) 孟母(   ) [孟子の母が、孟子に環境の悪い影響がおよぶのを避けるため、
三度にわたって住居を移した故事]

5) 満場(   ) [会場全体の人の意見が同じ]

8. 다음 문에는 동일한 일본한자음이지만 틀리게 사용된 한자가 한 자 있습니다.
왼쪽 괄호에는 잘못 사용된 한자를, 오른쪽 괄호에는 올바른 한자를 써 넣으세요.

1) 写真コンクールの応墓作品を厳正に審査した。(   ) (   )

2) 全品百円の店は安価で便利な商品が豊富で買い物客には味力的だ。(   ) (   )

3) これは無農薬野菜を使った母自漫の手料理だ。(   ) (   )

4) 受験に失敗した屈辱を心に命記して一年間勉学に努める。(   ) (   )

5) 今年の夏は網暑になるそうだ。(   ) (   )

VI. 정리하기

· 일본 상용한자 2136자중 한국어 초성자음 [ㅁ]이 들어가는 한자음

1. 일본 상용한자 중 한국어 초성자음 [ㅁ]이 들어가는 한자음의 1음절째는 받침의
   유무를 막론하고 대부분 バ行 또는 マ行으로 발음된다. 湾(灣)(물굽이 만)자는 ワン
   으로 읽혀 예외적이며 耗(줄 모)자도 예외적으로 カ行으로도 읽히는 경우가 있다.

2. 일본 상용한자 중 한국어 초성자음 [ㅁ]이 들어가고 받침이 들어가는 한자음은 일
   본어로는 대부분 2음절로 발음된다. 夢(꿈 몽)자가 ム의 1음절로 발음되는 것은
   예외적이다.

3. 한국어의 받침에 대한 일본어 2음절째의 발음을 정리하면 아래의 표와 같다.

받침	발음	예외
ㄱ	ク	
ㄴ	ン	
ㄹ	ツ	
ㅇ	ウ 또는 イ	ム夢(꿈 몽)

한국어 초성자음 [ㅍ]이 들어가는 상용한자

I. 학습목표

이 과에서는 일본 상용한자 2136자 중 한국어 초성자음 [ㅍ]이 들어가는 한자를 대상으로 한자의 음독, 훈독연습을 비롯해 다양한 문제를 풀어본다. 또한 일본 상용한자에 제시된 훈을 단어학습을 통해 세밀하게 학습한다.

이렇게 함으로써 일본 상용한자에 익숙해 짐과 동시에 일본에서 실시하는 공인일본한자능력검정시험 대비도 할 수 있도록 한다.

II. 한자음독강의

일본 상용한자 중 한국어 초성자음 [ㅍ]이 들어가는 한자음을 한국과 일본의 한자음의 대응관계를 통해 학습한다.

● **일본 상용한자 중 한국어 초성자음 [ㅍ]이 들어가고 받침이 없는 한자음**

파	ハ	把(잡을), 波(물결), 派(물갈래), 破(부술)
	バ	婆(할미)
	ヒ	罷(파할)

패	ハ	覇(으뜸)
	ハイ	敗(패할)
폐	ハイ	肺(폐), 廃(廢)(폐할)
	ヘイ	幣(비단), 弊(폐단), 閉(닫을), 陛(섬돌), 蔽(가릴)
포	フ	布(베), 怖(두려울)
	ホ	捕(잡을), 浦(물가), 舗(펼), 哺(먹을)
	ホウ	包(包)(쌀), 抱(抱)(안을), 泡(泡)(거품), 砲(砲)(대포), 胞(胞)(껍질), 飽(飽)(배부를), 褒(기릴)
표	ヒョウ	俵(나누어줄), 標(표할), 漂(뜰), 票(표), 表(겉)
피	ヒ	彼(저), 披(펼), 疲(피곤할), 皮(껍질), 被(입을), 避(避)(피할)

정리

1. 일본 상용한자 중 한국어 초성자음 [ㅍ]이 들어가고 받침이 없는 한자음의 1음절째는 대부분 ハ行이다.
2. バ行으로 읽혀지는 경우도 있는데 여기에서는 婆(할미 파)자만이 해당된다.

● 일본 상용한자 중 한국어 초성자음 [ㅍ]이 들어가고 받침이 ㄱ인 한자음

폭	バク	爆(터질)
	フク	幅(폭)
	ボウ/バク	暴(햇빛 쪼일)
		예 暴言(ボウゲン) 폭언 / 暴露(バクロ) 폭로

정리

1. 일본 상용한자 중 한국어 초성자음 [ㅍ]이 들어가고 받침이 ㄱ인 한자음의 1음절째는 ハ行과 バ行이다.
2. 일본 상용한자 중 한국어 초성자음 [ㅍ]이 들어가고 받침이 ㄱ인 한자음은 일본어로

는 2음절로 발음되고 2음절째는 ク가 온다. 예외적으로 暴(햇빛 쪼일 폭)자에 한해서 2음절째가 ウ로 발음되는 경우가 있다.

● 일본 상용한자 중 한국어 초성자음 [ㅍ]이 들어가고 받침이 ㄴ인 한자음

| 판 | ハン | 坂(비탈), 版(널), 販(팔), 阪(비탈) |

ハン/バン　　判(판단할), 板(널조각)

　　　　　예 判定(ハンテイ) 판정 / 大判(オオバン) 넓은 지면. 타원형의 큰 금화

　　　　　　　板刻(ハンコク) 판각 / 板書(バンショ) 판서

| 편 | ヘン | 偏(偏)(치우칠), 片(조각), 編(編)(엮을), 遍(遍)(두루) |

ベン／ビン　　便(편할)

　　　　　예 便利(ベンリ) 편리 / 便乗(ビンジョウ) 편승

정리 ─────────────────────────────

1. 일본 상용한자 중 한국어 초성자음 [ㅍ]이 들어가고 받침이 ㄴ인 한자음의 1음절째는 ハ行과 バ行이다.
2. 일본 상용한자 중 한국어 초성자음 [ㅍ]이 들어가고 받침이 ㄴ인 한자음은 일본어로는 2음절로 발음되고 2음절째는 ン으로 발음된다.

● 일본 상용한자 중 한국어 초성자음 [ㅍ]이 들어가고 받침이 ㄹ인 한자음

| 팔 | ハチ | 八(여덟) |
| 필 | ヒツ | 匹(짝), 必(반드시), 筆(붓) |

정리 ─────────────────────────────

1. 일본 상용한자 중 한국어 초성자음 [ㅍ]이 들어가고 받침이 ㄹ인 한자음의 1음절째는 ハ行이다.
2. 일본 상용한자 중 한국어 초성자음 [ㅍ]이 들어가고 받침이 ㄹ인 한자음은 일본어로는 2음절로 발음되고 2음절째는 대부분 ッ로 발음된다. 八(여덟 팔)자만이 2음절째가 チ로 발음된다.

| 품 | ヒン | 品(물건) |

정리 ─────────────────────────────

1. 일본 상용한자 중 한국어 초성자음 [ㅍ]이 들어가고 받침이 ㅁ인 品(물건 품)자의 한자음의 1음절째는 ハ行이다.
2. 일본 상용한자 중 한국어 초성자음 [ㅍ]이 들어가고 받침이 ㅁ인 品(물건 품)자의 한자음은 일본어로는 2음절로 발음되고 2음절째는 ン으로 발음된다.

● 일본 상용한자 중 한국어 초성자음 [ㅍ]이 들어가고 받침이 ㅂ인 한자음

| 핍 | ボウ | 乏(가난할) |

정리 ─────────────────────────────

1. 일본 상용한자 중 한국어 초성자음 [ㅍ]이 들어가고 받침이 ㅂ인 乏(가난할 핍)자의 한자음의 1음절째는 バ行이다.
2. 일본 상용한자 중 한국어 초성자음 [ㅍ]이 들어가고 받침이 ㅂ인 乏(가난할 핍)자의 한자음은 일본어로는 2음절로 발음되고 2음절째는 ウ로 발음된다.

● 일본 상용한자 중 한국어 초성자음 [ㅍ]이 들어가고 받침이 ㅇ인 한자음

팽	ボウ	膨(부풀)
평	ヒョウ	評(평론할)
	ヘイ/ビョウ	平(평평할)
		예 公平(コウヘイ) 공평 / 平等(ビョウドウ) 평등
풍	フウ/フ	風(바람)
		예 風力(フウリョク) 풍력 / 風情(フゼイ) 풍치
	ホウ	豊(풍부할)

1. 일본 상용한자 중 한국어 초성자음 [ㅍ]이 들어가고 받침이 ㅇ인 한자음의 1음절째 는 ハ行과 バ行이다.

2. 일본 상용한자 중 한국어 초성자음 [ㅍ]이 들어가고 받침이 ㅇ인 한자음은 일본어로 는 대부분 2음절로 발음되고 2음절째는 대부분 ウ로 발음된다. 예외적으로 風(바람 풍)자는 フ의 1음절로 발음될 때도 있다.

Ⅲ. 동자이음한자(同字異音漢字)

暴言(ボウゲン) 폭언 ‖ 暴露(バクロ) 폭로

判定(ハンテイ) 판정 ‖ 大判(オオバン) 넓은 지면. 타원형의 큰 금화

板刻(ハンコク) 판각 ‖ 板書(バンショ) 판서

便利(ベンリ) 편리 ‖ 便乗(ビンジョウ) 편승

公平(コウヘイ) 공평 ‖ 平等(ビョウドウ) 평등

風力(フウリョク) 풍력 ‖ 風情(フゼイ) 풍치

Ⅳ. 단어학습

波	なみ	파도	破る	やぶる	부수다
破れる	やぶれる	찢어지다	敗れる	やぶれる	패하다
廃れる	すたれる	소용없게 되다	閉まる	しまる	꼭 닫히다
閉める	しめる	(문을)닫다	閉ざす	とざす	닫다. 잠그다
閉じる	とじる	닫다	布	ぬの	천
怖い	こわい	두렵다	捕まえる	つかまえる	붙잡다. 붙들다

捕まる	つかまる	붙잡히다	捕らえる	とらえる	잡다
捕らわれる	とらわれる	붙잡히다. 사로잡히다	包む	つつむ	싸다
抱える	かかえる	껴안다. 책임지다	抱く	だく	안다
泡	あわ	거품	飽かす	あかす	물리게 하다. 싫증나게 하다
飽る	あきる	싫증나다. 물리다	褒める	ほめる	칭찬하다
浦	うら	후미. 해변	俵	たわら	(쌀, 숯 등을 담는) 섬
漂う	ただよう	떠돌다. 유랑하다	表れる	あらわれる	나타나다
表す	あらわす	나타내다	表	おもて	겉
彼	かれ	그	疲れる	つかれる	피곤하다
皮	かわ	가죽	被る	こうむる	받다. 입다
避ける	さける	피하다	幅	はば	폭
暴く	あばく	파헤치다. 폭로하다	暴れる	あばれる	난동을 부리다
坂	さか	비탈	板	いた	판자
偏る	かたよる	치우치다	編む	あむ	엮다
便り	たより	편의. 편지	片	かた	둘 중의 한쪽
八つ	やっつ	여덟 개	匹	ひき	-마리
必ず	かならず	반드시	筆	ふで	붓
品	しな	물건	乏しい	とぼしい	모자라다. 가난하다
膨らむ	ふくらむ	부풀다. 규모가 커지다	膨れる	ふくれる	불룩해지다
平ら	たいらだ	평평하다	平	ひら	평평함. 보통
平らげる	たいらげる	평정하다. 먹어 치우다	坪	つぼ	평(토지 면적의 단위)
豊かだ	ゆたかだ	풍부하다			

V. 문제

1. 가타카나로 제시된 음과 <u>다르게</u> 읽히는 한자를 고르세요.

1) ハ　　　① 把　　② 破　　③ 覇　　④ 婆

2) ヒ　　　① 罷　　② 浦　　③ 疲　　④ 避

3) ホ　　　① 捕　　② 哺　　③ 怖　　④ 舗

4) ハイ　　① 肺　　② 廃　　③ 幣　　④ 敗

5) ハン　　① 品　　② 坂　　③ 版　　④ 販

6) ヒツ　　① 匹　　② 必　　③ 乏　　④ 筆

7) ヒョウ　① 表　　② 評　　③ 膨　　④ 漂

8) ヘイ　　① 閉　　② 陛　　③ 幣　　④ 評

9) ヘン　　① 編　　② 阪　　③ 偏　　④ 片

10) ホウ　　① 貿　　② 包　　③ 飽　　④ 豊

2. 가타카나로 제시된 음과 <u>다르게</u> 읽히는 한어를 고르세요.

1) ハイショク　① 敗色　　② 陪食　　③ 配色　　④ 廃職

2) ハイタイ　　① 敗退　　② 廃退　　③ 媒体　　④ 胚胎

3) ヒケン　　　① 飛言　　② 披見　　③ 比肩　　④ 被験

4) ヒロウ　　　① 疲労　　② 肥料　　③ 披露　　④ 卑陋

5) ヘイコウ　　① 平行　　② 閉講　　③ 併合　　④ 並行

쉬어가기

「ぜんじんみとう」は、「前人未踏」vs.「前人未到」、どっち？

　両方とも正しい表記だが、前後の文脈によって使い分けることがある。「前人未踏」は今まで誰も足を踏み入れていないことの意で、「前人未踏の秘境に挑む」などと使う。一方の「未到」は今まで誰も到達していないことの意で、「前人未到の記録を打ち立てる」などと使う。

（北原保雄編『問題な日本語 その4』による）

3. 아래의 밑줄 친 부분의 한어를 어떻게 읽는지 괄호 안에 히라가나로 써 넣으세요.

1) 会議で、彼はプロジェクトの現状を明確に把握していた。(　　　　　)

2) 弊社は、お客様にご満足いただける製品・サービスの提供を目指しております。
(　　　　　　　)

3) 私たちの製品は、高い品質の標準を維持しています。(　　　　　)

4) 工場で爆発事故が起こり、多数の負傷者が出た。(　　　　)

5) 競争相手の社員が駅前で今年の新商品を販売している。(　　　　)

6) この書類は、手続きを進めるために必要だ。(　　　　)

7) このホテルは、上品で落ち着いた雰囲気と高い品格を兼ね備えている。(　　　　)

8) 彼は貧乏なので、新しい服を買うことができない。(　　　　)

9) 気体は温度が上がると膨張する。(　　　　)

10) この学校は豊富なカリキュラムを提供している。(　　　　)

4. 다음 밑줄 친 부분의 한자표기어를 어떻게 읽는지 괄호 안에 히라가나로 써 넣으세요.

1) 予想外の相手に敗れ、ショックを受けた。(　　　　)

2) この地域では、伝統的な工芸品を作る技術が廃れることを恐れている。(　　　　)

3) 彼は過去の過ちに捕らわれ、なかなか立ち直れない。(　　　　)

4) 私も一度飽きるほど酒を飲んでみたい。(　　　　)

5) 海辺を散歩していると、潮の香りが漂い、心が安らぐ。(　　　　)

6) 本人が気づかぬうちに周囲が迷惑を被ることもある。(　　　　)

7) 彼はストレスを避けるために、ヨガを始めた。(　　　　)

8) 警察は暴徒が街で暴れるのを抑えていた。(　　　　)

9) 大食い選手権で、彼は10人前の料理を平らげた。(　　　　)

10) プレゼントに手袋を編む女性をみたことがある。(　　　　)

도치기(栃木)현 닛코(日光)국립공원에 있는 '난타이(男体ナンタイ)산'을 다른 이름으로 '후타라(二荒ふたら)산'이라고 하는데 원래는 '후다라쿠(補陀洛ふだらく)산'이라고도 불렀다.

관음보살이 사는 정토가 '포타라카(Potalaka [범어])산'에 있다는 믿음에서 거기에 한자를 붙인 것이 '補陀洛'이다. 이윽고 '補陀洛'이 '후타라(ふたら)'로 발음이 바뀌고, '二荒(ふたら)'라는 한자로 쓰게 되었다. 이 '二荒'를 음독으로 읽어 '니코(ニコウ)'가 되었고, 거기에 가자(佳字) 즉 좋은 의미의 한자가 적용되어 '닛코(日光ニッコウ)'가 되었다고 한다.

이 설이 정확하다면 '범어', '음역' '훈독에 의한 아테지'를 거쳐, '음독읽기화', '음독에 의한 아테지'에 까지 이른 것인데, 이는 일본어이기 때문에 가능한 전개가 반복된 것으로 볼 수 있다. 그러나 여기서 끝나지 않았다. 에도시대의 한학자가 다시 '日光'를 한 글자로 줄여서 '晃'라고 표현하였다. 즉 '晃山'이라는 중국풍의 두 글자로 표현하여 '고잔(コウザン)'으로 읽었는데, 처음의 '포타라카산'에서부터 보면 총 여섯 번의 변화를 거친 것이 된다. 참고로 티베트의 궁전 포탈라궁은 중국어로는 '布达拉'로 음역되어 현지에서는 티베트 문자로도 기록되고 있는데 지금 언급한 '日光'·'晃山'과 그 어원이 같다.

(笹原宏之著 『訓読みのはなし』에 의함)

5. 다음 한자의 부수를 예에서 찾아 기호로 답하세요.

例
ア. ㇷ(かくしがまえ)   イ. 女(おんな)   ウ. ⺾(くさかんむり)
エ. 石(いしへん)   オ. ⻌(しんにょう)

1) 婆(할미 파)　　(　　　)

2) 蔽(가릴 폐)　　(　　　)

3) 砲(대포 포)　　(　　　)

4) 遍(두루 편)　　(　　　)

5) 匹(짝 필)　　(　　　)

6. 다음 한어의 구성이 예의 ア～オ 중에 어느 것에 해당하는 지 하나를 골라 기호로 답하세요.

> 例
> ア. 同じような意味の漢字を重ねたもの(岩石)
> イ. 反対または対応の意味を表す字を重ねたもの(高低)
> ウ. 前の字が後ろの字を修飾しているもの(洋画)
> エ. 後ろの字が前の字の目的語・補語になっているもの(着席)
> オ. 前の字が後ろの字の意味を打ち消しているもの(非常)

1) 彼我ひが   (   )

2) 廃刊はいかん   (   )

3) 披露ひろう   (   )

4) 覇権はけん   (   )

5) 豊凶ほうきょう (   )

7. 다음 괄호 안에 두 글자 한어를 넣어 사자성어 한어를 완성시키세요.

1) 抱腹(   ) [腹をかかえて大笑いする]

2) (   )万丈 [物事の変化がきわめて激しいこと]

3) (   )無事 [穏やかで何事も起こらないこと]

4) 破顔(   ) [顔をほろこばせ、にっこり笑う]

5) (   )方正 [行いや心が正しく、やましい点がないこと]

8. 다음 문에는 동일한 일본한자음이지만 틀리게 사용된 한자가 한 자 있습니다.
   왼쪽 괄호에는 잘못 사용된 한자를, 오른쪽 괄호에는 올바른 한자를 써 넣으세요.

1) 干潟は貴重な生物の飽庫だ。(   ) (   )

2) 市の職員は、産業肺棄物の不法投棄に頭を悩まされている。(   ) (   )

3) 被労回復には軽い運動も効果的だ。(   ) (   )

4) 野生鳥獣を哺獲することは、一般的に禁じられている。(   ) (   )

5) 極点を目指した暴険家は帰らなかった。(   ) (   )

┃ 일본 상용한자 2136자중 한국어 초성자음 [ㅍ]이 들어가는 한자음

1. 일본 상용한자 중 한국어 초성자음 [ㅍ]이 들어가는 한자음의 1음절째는 받침의 유무를 막론하고 ハ行 또는 バ行으로 발음된다.

2. 일본 상용한자 중 한국어 초성자음 [ㅍ]이 들어가고 받침이 들어가는 한자음은 일 본어로는 대부분 2음절로 발음된다. 風(바람 풍)자가 フ의 1음절로 발음될 때가 있는 것은 예외적이다.

3. 한국어의 받침에 대한 일본어 2음절째의 발음을 정리하면 아래의 표와 같다.

받침	발음	예외
ㄱ	ク	ボウ暴(햇빛 쪼일 폭) 예 暴言(ボウゲン) 폭언
ㄴ	ン	
ㄹ	ツ	ハチ八(여덟 팔)
ㅁ	ン	
ㅂ	ウ	
ㅇ	ウ 또는 イ	フ風(바람 풍) 예 風情(フゼイ) 풍치

한국어 초성자음 [ㅂ]이 들어가는 상용한자

제9과

I. 학습목표

이 과에서는 일본 상용한자 2136자 중 한국어 초성자음 [ㅂ]이 들어가는 한자를 대상으로 한자의 음독, 훈독연습을 비롯해 다양한 문제를 풀어본다. 또한 일본 상용한자에 제시된 훈을 단어학습을 통해 세밀하게 학습한다.

이렇게 함으로써 일본 상용한자에 익숙해 짐과 동시에 일본에서 실시하는 공인일본한자능력검정시험 대비도 할 수 있도록 한다.

II. 한자음독강의

일본 상용한자 중 한국어 초성자음 [ㅂ]이 들어가는 한자음을 한국과 일본의 한자음의 대응관계를 통해 학습한다.

● **일본 상용한자 중 한국어 초성자음 [ㅂ]이 들어가고 받침이 없는 한자음**

배	ハイ	俳(광대), 排(물리칠), 杯(잔), 背(등), 輩(무리), 配(짝지을), 拜(拜)(절)
	バイ	倍(곱), 培, (북돋울), 賠(배상할), 陪(모실)
보	フ	普(넓을), 譜(계보)
	ホ	保(보전할), 補(도울)

제9과 한국어 초성자음 [ㅂ]이 들어가는 상용한자 **127**

	ホ/ブ/フ	步(步)(걸음)
		예 徒步(トホ) 도보 / 步合(ブアイ) 비율을 소수로 나타낸 것. 수수료 / 步(フ) 이자의 비율. 토지 면적의 단위
	ホウ	報(갚을), 宝(寶)(보배)
부	フ	付(줄), 婦(아내), 府(관청), 扶(도울), 敷(펼), 浮(뜰), 父(아비), 符(부신), 腐(썩을), 膚(살갗), 負(질), 賦(구실), 赴(나아갈), 附(붙을), 訃(부고), 阜(언덕)
	フ/フウ	夫(사내), 富(부자)
		예 農夫(ノウフ) 농부 / 夫婦(フウフ) 부부 富強(フキョウ) 부강 / 富貴(フウキ) 부귀
	ブ	部(떼)
	フク	副(버금)
	ボ	簿(장부)
	ボウ	剖(쪼갤)
	ヒ	否(아닐)
비	ヒ	妃(왕비), 悲(슬플), 扉(扉)(문짝), 批(비평할), 比(견줄), 肥(살찔), 費(쓸), 非(아닐), 飛(날), 卑(낮을), 碑(돌기둥), 秘(숨길)
	ビ	備(갖출), 鼻(코)
	ヒツ/ヒ	泌(흐르는 모양)
		예 分泌(ブンピツ/ブンピ) 분비 / 泌尿器(ヒニョウキ/ヒツニョウキ) 비뇨기
	フツ	沸(끓을)

정리 ───

1. 일본 상용한자 중 한국어 초성자음 [ㅂ]이 들어가고 받침이 없는 한자음의 1음절째는 ハ行 또는 バ行으로 발음된다.

2. 일본 상용한자 중 한국어 초성자음 [ㅂ]이 들어가고 받침이 없는 한자음은 대부분 1음절이나 [배]자나 報(갚을 보), 宝(寶)(보배 보), 副(버금 부), 剖(쪼갤 부), 沸(끓을

비)는 2음절로 발음되며, 夫(사내 부), 富(부자 부), 泌(흐르는 모양 비)는 2음절로
발음될 때도 있다.

● 일본 상용한자 중 한국어 초성자음 [ㅂ]이 들어가고 받침이 [ㄱ]인 한자음

| 박 | ハク | 泊(배댈), 舶(큰 배), 薄(엷을), 迫(迫)(핍박할), 剝(벗길) |

ハク/バク　博(넓을)
　　　　　예 博識(ハクシキ) 박식 / 博徒(バクト) 놀음꾼

ハク/ヒョウ　拍(손뼉칠)
　　　　　예 拍手(ハクシュ) 박수 / 拍子(ヒョウシ) 박자

バク　　縛(묶을)

ボク　　撲(두드릴), 朴(후박나무)

| 백 | ハク | 伯(맏) |

ハク/ビャク　白(흰)
　　　　　예 明白(メイハク) 명백 / 白蓮(ビャクレン) 흰 연꽃

ヒャク　百(백)

| 벽 | ヘキ | 壁(벽), 璧(둥근옥), 癖(버릇) |

| 복 | フク | 伏(엎드릴), 復(돌아볼), 服(옷), 腹(배), 複(겹칠), 福(福)(복), 覆(뒤집힐) |

ボク　　僕(종)

| 북 | ホク | 北(북녘) |

정리

1. 일본 상용한자 중 한국어 초성자음 [ㅂ]이 들어가고 받침이 [ㄱ]인 한자음은 2음절이
고 1음절째는 ハ行과 バ行으로 발음된다.
2. 일본 상용한자 중 한국어 초성자음 [ㅂ]이 들어가고 받침이 [ㄱ]인 한자음의 2음절째
는 대부분 ク이고 일부분이 キ로 발음된다. 拍(손뼉칠 박)자가 ヒョウ로 발음되는
경우는 예외라고 볼 수 있다.

반	ハン	半(반), 搬(옮길), 班(나눌), 畔(두둑), 般(돌릴), 頒(나눌), 飯(밥), 斑(나눌)
	ハン/バン	伴(짝)
		예 同伴(ドゥハン) 동반 / 伴奏(バンソウ) 반주
	ハン/ホン/タン	反(되돌릴)
		예 反映(ハンエイ) 반영 / 謀反(ムホン) 모반 / 反物(タンモノ) 피륙
	バン	盤(소반)
	ヘン	返(返)(돌이킬)
번	ハン	藩(울타리), 繁(繁)(번성할)
	ハン/ボン	煩(괴로워할)
		예 煩雑(ハンザツ) 번잡 / 煩悩(ボンノウ) 번뇌
	バン	番(차례)
	ホン	翻(飜)(뒤칠)
변	ヘン	変(變)(변할), 辺(邊)(가)
	ベン	弁(辨 辯)(분별할)
본	ホン	本(책)
분	フン	噴(뿜을), 墳(봉분), 奮(떨칠), 憤(분할), 粉(가루), 紛(어지러울), 雰(안개)
	フン/ブン/ブ	分(나눌)
		예 分別(フンベツ) 분별 / 分解(ブンカイ) 분해 / 五分(ゴブ) 5푼. 구별이 없음
	ホン	奔(달릴)
	ボン	盆(동이)
빈	ヒン	浜(濱)(물가), 賓(賓)(손), 頻(頻)(빈번할)

ヒン/ビン　貧(가난할)

　　　　　예 貧富(ヒンプ) 빈부 / 貧乏(ビンボウ) 빈핍. 가난함

정리 ────────────────────────────────────

1. 일본 상용한자 중 한국어 초성자음 [ㅂ]이 들어가고 받침이 [ㄴ]인 한자음은 2음절이고 1음절째는 대부분 ハ行과 バ行으로 발음된다. 反(되돌릴 반)자가 タン으로 발음되는 것은 예외적이다.

2. 일본 상용한자 중 한국어 초성자음 [ㅂ]이 들어가고 받침이 [ㄴ]인 한자음의 2음절째는 대부분 ン로 발음된다. 分(나눌 분)자가 ブ로 발음되는 경우는 예외적이다.

───

● 일본 상용한자 중 한국어 초성자음 [ㅂ]이 들어가고 받침이 [ㄹ]인 한자음

발　ハチ/ハツ　鉢(바리때)

　　　　　예 鉢(ハチ) 주발. 화분 / 衣鉢(イハツ) 의발(가사와 바리때)

　　ハツ/ホツ　発(發)(쏠)

　　　　　예 発明(ハツメイ) 발명 / 発願(ホツガン) 발원

　　ハツ　髪(髮)(머리카락)

　　バツ　抜(拔)(뺄)

　　ボツ　勃(우쩍 일어날)

벌　バツ　伐(칠), 閥(문벌)

　　バツ/バチ　罰(벌 줄)

　　　　　예 処罰(ショバツ) 처벌 / 罰当たり(バチアタリ) 천벌을 받음. 또는 그런 사람

별　ベツ　別(다를)

불　フツ　払(拂)(떨칠)

　　ブツ　仏(佛)(부처)

　　フ/ブ　不(아닐)

　　　　　예 不法(フホウ) 불법 / 不作法(ブサホウ) 버릇없음. 예의에 벗어남

1. 일본 상용한자 중 한국어 초성자음 [ㅂ]이 들어가고 받침이 [ㄹ]인 한자음은 2음절이고 1음절째는 ハ行 또는 バ行으로 발음된다.

2. 일본 상용한자 중 한국어 초성자음 [ㅂ]이 들어가고 받침이 [ㄹ]인 한자음의 2음절째는 대부분 ツ로 발음된다. 鉢(바리때 발), 罰(벌줄 벌)자만 2음절째를 チ로 읽는 경우가 있다.

● 일본 상용한자 중 한국어 초성자음 [ㅂ]이 들어가고 받침이 [ㅁ]인 한자음

범　　ハン　　　　帆(돛), 犯(범할), 範(법), 氾(넘칠), 汎(뜰)

　　　ハン/ボン　　凡(무릇)

　　　　　　　　예 凡例(ハンレイ) 범례 / 平凡(ヘイボン) 평범

정리

1. 일본 상용한자 중 한국어 초성자음 [ㅂ]이 들어가고 받침이 [ㅁ]인 한자음은 2음절이고 1음질째는 ハ行 또는 バ行으로 발음된다.

2. 일본 상용한자 중 한국어 초성자음 [ㅂ]이 들어가고 받침이 [ㅁ]인 한자음의 2음절째는 ン으로 발음된다.

● 일본 상용한자 중 한국어 초성자음 [ㅂ]이 들어가고 받침이 [ㅂ]인 한자음

법　　ホウ/ハッ/ホッ　法(법)

　　　　　　　　예 法律(ホウリツ) 법률 / 法度(ハット) 규율, 금령 /

　　　　　　　　法体(ホッタイ) 법체, 삭발한 중의 모습

정리

1. 일본 상용한자 중 한국어 초성자음 [ㅂ]이 들어가고 받침이 [ㅂ]인 法의 한자음은 2음절이고 1음절째는 ハ行으로 발음된다.

2. 일본 상용한자 중 한국어 초성자음 [ㅂ]이 들어가고 받침이 [ㅂ]인 法의 2음절째는 ウ나 촉음ッ으로 발음된다.

방	ホウ	倣(본뜰), 放(놓을), 方(모), 芳(꽃다울), 訪(방문할), 邦(나라)
	ボウ/ボッ	坊(동네)
		예 坊主(ボウズ) 스님. 중처럼 민 머리 / 坊(ボッ)ちゃん 도련님. 철부지
	ボウ	傍(곁), 妨(방해할), 房(방), 紡(실 뽑을), 肪(기름), 防(막을)
병	ヘイ	丙(밝을), 柄(자루), 並(竝)(아우를), 塀(담), 倂(倂)(아우를), 餅(餠)(떡)
	ヘイ/ヒョウ	兵(군사)
		예 兵器(ヘイキ) 병기 / 雑兵(ゾウヒョウ) 졸병
	ヘイ/ビョウ	病(병들)
		예 疾病(シッペイ) 질병 / 病気(ビョウキ) 병
	ビン	瓶(甁)(병)
봉	ホウ	俸(녹), 峰(봉우리), 縫(꿰멜), 蜂(꿀)
	ホウ/フウ	封(막을)
		예 封建(ホウケン) 봉건 / 封鎖(フウサ) 봉쇄
	ホウ/ブ	奉(받들)
		예 奉仕(ホウシ) 봉사 / 奉行(ブギョウ) 무가시대에 행정사무를 담당한 각 부처의 장관
	ボウ	棒(몽둥이)
붕	ホウ	崩(무너질)
빙	ヒョウ	氷(얼음)

정리

1. 일본 상용한자 중 한국어 초성자음 [ㅂ]이 들어가고 받침이 [ㅇ]인 한자음은 2음절이고 1음절째는 ハ行 또는 バ行으로 발음된다. 奉(받들 봉)자만이 ブ와 같이 1음절로 발음될 때가 있다.

2. 일본 상용한자 중 한국어 초성자음 [ㅂ]이 들어가고 받침이 [ㅇ]인 한자음의 2음절째

는 대부분 ウ 또는 イ 로 발음된다.

3. 瓶(甁)(병 병)자가 ン으로 발음될 때가 있는데 예외적이다. 또한 坊(동네 방)자도 ボッ으로 발음되는 경우가 있는데 예외적이다.

Ⅲ. 동자이음한자(同字異音漢字)

徒步(トホ) 도보 ‖ 步合(ブアイ) 비율을 소수로 나타낸 것. 수수료 ‖ 步(フ) 이자의 비율, 토지 면적의 단위

農夫(ノウフ) 농부 ‖ 夫婦(フウフ) 부부

富強(フキョウ) 부강 ‖ 富貴(フウキ) 부귀

分泌(ブンピツ/ブンピ) 분비 ‖ 泌尿器(ヒニョウキ/ヒツニョウキ) 비뇨기

博識(ハクシキ) 박식 ‖ 博徒(バクト) 놀음꾼

拍手(ハクシュ) 박수 ‖ 拍子(ヒョウシ) 박자

明白(メイハク) 명백 ‖ 白蓮(ビャクレン) 흰 연꽃

同伴(ドウハン) 동반 ‖ 伴奏(バンソウ) 반주

反映(ハンエイ) 반영 ‖ 謀反(ムホン) 모반 ‖ 反物(タンモノ) 피륙

煩雑(ハンザツ) 번잡 ‖ 煩悩(ボンノウ) 번뇌

分別(フンベツ) 분별 ‖ 分解(ブンカイ) 분해 ‖ 五分(ゴブ) 5푼. 구별이 없음

貧富(ヒンプ) 빈부 ‖ 貧乏(ビンボウ) 빈핍. 가난함

鉢(ハチ) 주발. 화분 ‖ 衣鉢(イハツ) 의발(가사와 바리때)

発明(ハツメイ) 발명 ‖ 発願(ホツガン) 발원

処罰(ショバツ) 처벌 ‖ 罰当たり(バチアタリ) 천벌을 받음. 또는 그런 사람

不法(フホウ) 불법 ‖ 不作法(ブサホウ) 버릇없음. 예의에 벗어남

凡例(ハンレイ) 범례 ‖ 平凡(ヘイボン) 평범

法律(ホウリツ) 법률 ‖ 法度(ハット) 규율, 금령 ‖ 法体(ホッタイ) 법체, 삭발한 중의 모습

坊主(ボウズ) 스님. 중처럼 민 머리 ‖ 坊(ボッ)ちゃん 도련님. 철부지

兵器(ヘイキ) 병기 ‖ 雜兵(ゾウヒョウ) 졸병

疾病(シッペイ) 질병 ‖ 病気(ビョウキ) 병

封建(ホウケン) 봉건 ‖ 封鎖(フウサ) 봉쇄

奉仕(ホウシ) 봉사 ‖ 奉行(ブギョウ) 무가시대에 행정사무를 담당한 각 부처의 장관

Ⅳ. 단어학습

杯	さかずき	잔	背く	そむく	배반하다
拝む	おがむ	절하다. 빌다	培う	つちかう	가꾸다. 배양하다
保つ	たもつ	지키다. 보전하다	補う	おぎなう	보충하다
報いる	むくいる	갚다	敷く	しく	펴다
浮く	うく	뜨다	腐る	くさる	썩다
負ける	まける	지다	赴く	おもむく	나아가다
富む	とむ	부하다. 풍부하다	扉	とびら	문. 속표지
肥やす	こやす	살찌게 하다. 땅을 기름지게 하다			
費やす	ついやす	소비하다	卑しい	いやしい	천하다
秘める	ひめる	숨기다	泊まる	とまる	머무르다
迫まる	せまる	다가오다. 핍박하다	剥がす	はがす	벗기다
縛る	しばる	묶다	伏す	ふす	엎드리다
覆う	おおう	덥다. 싸다	飯	めし	밥

伴う	ともなう	동반하다	反る	そる	휘다. 젖혀지다
返す	かえす	되돌리다	煩う	わずらう	괴로워하다
翻す	ひるがえす	뒤집다	噴く	ふく	뿜다
奮う	ふるう	떨치다	憤る	いきどおる	분개하다. 성내다
粉	こな	가루	紛れる	まぎれる	어지럽다. 헷갈리다
浜	はま	모래밭	髪	かみ	머리카락
抜く	ぬく	빼다	沸く	わく	끓다
払う	はらう	지불하다	帆	ほ	돛
犯す	おかす	범하다	倣う	ならう	모방하다
放す	はなす	놓다. 발사하다	訪れる	おとずれる	방문하다
傍ら	かたわら	곁	妨げる	さまたげる	방해하다
房	ふさ	송이	紡ぐ	つむぐ	실을 뽑다
防ぐ	ふせぐ	막다	柄	がら	몸집. 무늬
併せる	あわせる	어우르다. 합치다	餅	もち	떡
病	やまい	병	峰	みね	봉우리
縫う	ぬう	꿰메다	崩れる	くずれる	무너지다
蜂	はち	벌	奉る	たてまつる	받들다
氷	こおり	얼음			

1. 가타카나로 제시된 음과 <u>다르게</u> 읽히는 한자를 고르세요.

    1) ヒ   ① 扉   ② 否   ③ 備   ④ 肥

    2) フ   ① 扶   ② 副   ③ 賦   ④ 赴

    3) ハク   ① 舶   ② 伯   ③ 薄   ④ 縛

    4) バツ   ① 閥   ② 罰   ③ 髪   ④ 伐

    5) ハン   ① 藩   ② 犯   ③ 返   ④ 帆

    6) ヒン   ① 弁   ② 浜   ③ 賓   ④ 頻

    7) フン   ① 紛   ② 噴   ③ 奮   ④ 奔

    8) ヘイ   ① 柄   ② 俳   ③ 塀   ④ 併

    9) ホウ   ① 傍   ② 放   ③ 倣   ④ 邦

    10) ボク   ① 朴   ② 僕   ③ 撲   ④ 北

2. 가타카나로 제시된 음과 <u>다르게</u> 읽히는 한어를 고르세요.

    1) ハイカ   ① 配下   ② 廃家   ③ 排貨   ④ 拝賀

    2) ハンカン   ① 半眼   ② 反感   ③ 繁簡   ④ 半官

    3) フクショウ   ① 復讐   ② 副賞   ③ 復唱   ④ 複称

    4) フンセン   ① 奮戦   ② 噴泉   ③ 紛戦   ④ 憤然

    5) ビコウ   ① 備考   ② 非行   ③ 鼻腔   ④ 尾行

쉬어가기

「モーツァルトの{子守歌 vs. 子守唄}」、どっち?

「モーツァルトの子守歌」のほうが適切。「子守唄」も正しい表記だが、「唄」は、長唄や馬子唄といった、邦楽(日本の音楽)に用いるのが標準的。民謡「五木の子守唄」や、歌謡曲の「赤城の子守唄」などは、「子守唄」と書く。

(北原保雄編『問題な日本語 その4』による)

3. 아래의 밑줄 친 부분의 한어를 어떻게 읽는지 괄호 안에 히라가나로 써 넣으세요.

1) このシステムは、エラーを自動的に排除する機能を持っている。(　　　　　　)

2) 彼女は、彼の絵画に対して、芸術的な観点からの批評をした。(　　　　　　)

3) 歴史上、多くの少数民族が迫害を受けてきた。(　　　　　)

4) 先般、お客様からのお問い合わせがありました。(　　　　　)

5) 森林の伐採は、経済活動と環境保護のバランスをどのように取るかが課題である。
(　　　　　)

6) このプロジェクトは、他の部署の模範となるだろう。(　　　　)

7) デモ隊は、交通を妨害し、市民生活に大きな影響を与えた。(　　　　)

8) 祖母は裁縫が上手で、いつも素敵な服を作ってくれる。(　　　　)

9) 歴史上、多くの帝国は内部の腐敗によって滅亡した。(　　　　)

10) 彼女は最近、体調を崩すことが頻繁にある。(　　　　)

4. 다음 밑줄 친 부분의 한자표기어를 어떻게 읽는지 괄호 안에 히라가나로 써 넣으세요.

1) 会社は若手社員の能力を培うために、研修プログラムを実施している。(　　　　　)

2) 伝統を守りながら、未来へ赴く。(　　　　)

3) 彼は知識を肥やすために、毎日読書をしている。(　　　　)

4) 山の中だったので父は傷口をハンカチで縛る手当てをした。(　　　　)

5) 念願がかなった今、心に煩うことは何もない。(　　　　)

6) 風が木の葉を翻すたびにザワザワと音がする。(　　　　)

7) 美しい景色に見とれて、時間の流れが紛れる。(　　　　)

8) 彼の進路を妨げるものは何もない。(　　　　)

9) 病気の感染を防ぐために、手洗いをしましょう。(　　　　)

10) 気候の変化で生態系が崩れる場合が多くなっている。(　　　　)

'時計'라는 표기는 한자의 의미와 발음을 기본으로 하여 일본에서 만들어진 아테지(当て字)다. 중국에서는 『주례(周礼)』가 나온 무렵부터 '土圭(ドケイ)'가 사용되었다. 이것은 옥으로 만든 기물로, 태양의 그림자를 재는 일종의 해시계와 같은 것이었다. 일본에서는 그 와는 별도로 무로마치(室町)시대 말기에 '도키하카리(ときはかり)'라는 말이 생겨나 이를 밑바탕으로 하여 '時計'라는 표기가 만들어 졌을 가능성도 있다.

이 '時計'라는 아테지는 겐로쿠(元禄)무렵의 사이카쿠(西鶴)작품에서도 볼 수 있듯이 에도시대에 생겨난 것이다. 같은 무렵 '図景', '斗鶏(斗雞)', 거슬러 올라가 중세에는 '斗景'라는 아테지도 있었다. '斗'라는 글자와'計'라는 글자는 그 흘림체가 비슷한 데다가 의미까지도 통용되었다.

19세기말에는 일본에서 한자어가 유행하여 '도케이'를 숙자훈으로 하여 '時器', '自鳴鐘', '時辰儀', '時辰表' 등 중국에서 사용된 말을 전용한 표기도 종종 사용되었다. 에도시대 때 볼 수 있었던 '日土圭(해시계)'는 본래의 기능에 맞는 표기이며 '砂土圭(모래시계)'는 그것을 응용한 표기인데 '土'라는 글자를 사용한 것에서 그 사물 자체의 분위기를 엿볼 수 있다.

(笹原宏之著 『訓読みのはなし』에 의한)

5. 다음 한자의 부수를 예에서 찾아 기호로 답하세요.

例
ア. 大(だい)　　イ. 玉(たまへん)　　ウ. 車(くるま)　　エ. 罒(あみがしら)
オ. 巾(はばへん)

1) 輩(무리 배)　　(　　　)

2) 班(나눌 반)　　(　　　)

3) 罰(벌줄 벌)　　(　　　)

4) 帆(돛 범)　　(　　　)

5) 奉(받들 봉)　　(　　　)

6. 다음 한어의 구성이 예의 ア～オ 중에 어느 것에 해당하는 지 하나를 골라 기호로 답하세요.

> 例
> ア. 同じような意味の漢字を重ねたもの(岩石)
> イ. 反対または対応の意味を表す字を重ねたもの(高低)
> ウ. 前の字が後ろの字を修飾しているもの(洋画)
> エ. 後ろの字が前の字の目的語・補語になっているもの(着席)
> オ. 前の字が後ろの字の意味を打ち消しているもの(非常)

1) 翻意ほんい   (   )

2) 凡庸ぼんよう   (   )

3) 併記へいき   (   )

4) 不浄ふじょう   (   )

5) 繁閑はんかん   (   )

7. 다음 괄호 안에 두 글자 한어를 넣어 사자성어 한어를 완성시키세요.

1) 複雑(   ) [多方面に分かれ入り組んでいる]

2) (   )喝采 [手をたたいて、おおいにほめたたえること]

3) 普遍(   ) [どんな場合でも真理として認められる]

4) (   )煩悩 [人間が持っている多くの悩み]

5) 傍若(   ) [人前にもかかわらず、勝手で無遠慮な振る舞いをすること]

8. 다음 문에는 동일한 일본한자음이지만 틀리게 사용된 한자가 한 자 있습니다.
왼쪽 괄호에는 잘못 사용된 한자를, 오른쪽 괄호에는 올바른 한자를 써 넣으세요.

1) アマゾン地域では広範囲に渡る熱帯林の抜採が続いている。(   ) (   )

2) 被疑者が黙否権を行使し続けたので、捜査の進展がない。(   ) (   )

3) 飲酒運転予防のために、休息を賓繁に取ることにした。(   ) (   )

4) 人間関係が希迫になりつつある。(   ) (   )

5) 最高峰を征伏した時の苦労を語る。(   ) (   )

Ⅵ. 정리하기

▍일본 상용한자 2136자중 한국어 초성자음 [ㅂ]이 들어가는 한자음

1. 일본 상용한자 중 한국어 초성자음 [ㅂ]이 들어가는 한자음의 1음절째는 받침의 유무를 막론하고 대부분 ハ行 또는 バ行으로 발음된다. 反(되돌릴 반)자가 タン으로 발음되는 경우가 있는데 이것은 예외적이다.

2. 일본 상용한자 중 한국어 초성자음 [ㅂ]이 들어가고 받침이 있는 한자음은 일본어로는 대부분 2음절로 발음된다. 分(나눌 분) 奉(받들 봉)자가 ブ의 1음절로 발음되는 경우가 있는데 이것은 예외적이다.

3. 한국어의 받침에 대한 일본어 2음절째의 발음을 정리하면 아래의 표와 같다.

받침	발음	예외
ㄱ	ク 일부 キ	拍(손뼉칠 박) 예 拍子(ヒョウシ) 박자
ㄴ	ン	
ㄹ	ツ 또는 チ	
ㅁ	ン	
ㅂ	ウ	法(법 법) 예 法度(ハット) 금령/ 法体(ホッタイ) 법체, 삭발한 중의 모습
ㅇ	ウ 또는 イ	瓶(병 병) 예 花瓶(カビン) 꽃병 坊(동네 방) 예 坊(ボッ)ちゃん 도련님. 철부지

한국어 초성자음 [ㅅ] [ㅆ]이 들어가는 상용한자

Ⅰ. 학습목표

이 과에서는 일본 상용한자 2136자 중 한국어 초성자음 [ㅅ] [ㅆ]이 들어가는 한자를 대상으로 한자의 음독, 훈독연습을 비롯해 다양한 문제를 풀어본다. 또한 일본 상용한자에 제시된 훈을 단어학습을 통해 세밀하게 학습한다.

이렇게 함으로써 일본 상용한자에 익숙해 짐과 동시에 일본에서 실시하는 공인일본한자능력검정시험 대비도 할 수 있도록 한다.

Ⅱ. 한자음독강의

일본 상용한자 중 한국어 초성자음 [ㅅ] [ㅆ]이 들어가는 한자음을 한국과 일본의 한자음의 대응관계를 통해 학습한다.

● 일본 상용한자 중 한국어 초성자음 [ㅅ] [ㅆ]이 들어가고 받침이 없는 한자음

사	サ	唆(부추길), 査(조사할), 詐(속일), 沙(모래)
	サ/シャ	砂(모래)
		예 砂糖(サトウ) 설탕 / 土砂(ドシャ) 토사
	シ	糸(絲)(실), 伺(엿볼), 使(부릴), 史(역사), 司(맡을), 嗣(이을), 四(넉),

士(선비), 師(스승), 思(생각), 死(죽을), 私(사사로울), 詞(말씀), 賜(줄), 飼(먹일)

	シ/ジ	仕(벼슬)

[예] 出仕(シュッシ) 출근 / 給仕(キュウジ) 잔심부름을 함. 사환

	ジ	似(같을), 寺(절), 辞(辭)(말씀)
	ジ/ズ	事(일)

[예] 事物(ジブツ) 사물 / 好事家(コウズカ) 호사가

	シャ	射(쏠), 捨(버릴), 斜(비낄), 謝(사례할), 赦(용서할), 社(社)(모일), 写(寫)(베낄), 舎(집)
	ジャ	邪(간사할)
	ジャ/ダ	蛇(뱀)

[예] 大蛇(ダイジャ) 큰 뱀 / 蛇行(ダコウ) 사행. 꾸불꾸불 나아감

새	ジ	璽(도장)
	サイ	塞(변방)
서	ショ	庶(무리), 書(글), 暑(暑)(더울), 署(署)(서명할)
	ショ/チョ	緒(緒)(실마리)

[예] 由緒(ユイショ) 유서 / 情緒(ジョウチョ) 정서

	ジョ	序(차례), 徐(천천히), 叙(敍)(서술할)
	セイ	誓(맹세할), 逝(逝)(갈), 婿(사위)
	セイ/サイ	西(서녘)

[예] 西暦(セイレキ) 서기 / 西海(サイカイ) 서해

세	サイ	細(가늘)
	サイ/セイ	歳(해)

[예] 歳月(サイゲツ) 세월 / 歳暮(セイボ) 세모

	セイ/セ	世(대)

		예 世紀(セイキ) 세기 / 世界(セカイ) 세계
	セイ	勢(권세)
	ゼイ	税(세금)
	セン	洗(씻을)
소	ショ	所(바)
	ショウ	召(부를), 宵(밤), 小(작을), 少(적을), 昭(밝을), 沼(늪), 消(끌), 笑(웃을), 焼(燒)(불사를)
	ソ	塑(토우), 疎(트일), 訴(하소연할), 遡(거슬러 올라갈)
	ソ/ス	素(본디)
		예 素材(ソザイ) 소재 / 素手(スデ) 맨손
	ソウ	掃(쓸), 巣(巢)(새집), 騒(騷)(근심스러울)
쇄	サ	鎖(쇠사슬)
	サイ	砕(碎)(부술)
	サツ	刷(솔질할)
쇠	スイ	衰(쇠할)
수	シュ	手(손), 殊(뛰어날), 狩(사냥), 首(머리)
	シュ/ス	守(지킬)
		예 守備(シュビ) 수비 / 留守(ルス) 부재중. 집지킴
	ジュ	受(받을), 授(줄), 樹(나무), 需(구할), 寿(壽)(목숨)
	シュウ	囚(가둘), 秀(빼어날), 酬(갚을), 収(收)(거둘), 羞(부끄러울), 袖(소매), 愁(근심)
	シュウ/シュ	修(닦을)
		예 修飾(シュウショク) 수식 / 修行(シュギョウ) 수행
	ジュウ	獣(獸)(짐승)

	ス	須(모름지기)
	スイ	垂(드리울), 帥(장수), 水(물), 睡(잘), 遂(邃)(드디어), 穂(穗)(이삭), 粋(粋)(순수할)
	ズイ	随(隨)(따를), 髄(髓)(골수)
	スウ/ス	数(數)(셀)
		예 数字(スウジ) 숫자 / 数奇屋(スキヤ) 다실
	ソウ	捜(搜)(찾을), 痩(파리할)
	ユ	輸(실어낼)
시	シ	始(처음), 市(저자), 矢(화살), 試(시험할), 詩(시), 視(視)(보일)
	シ/セ	施(베풀)
		예 施設(シセツ) 시설 / 布施(フセ) 남에게 베풂. 스님에게 시주하는 일
	ジ	侍(모실), 時(때)
	ジ/シ	示(보일)
		예 指示(シジ) 지시 / 示唆(シサ) 시사
	ゼ	是(바를)
씨	シ	氏(성)

정리 ─────────────────────────────

1. 일본 상용한자 중 한국어 초성자음 [ㅅ]이 들어가고 받침이 없는 한자음의 1음절째는 대부분 サ行과 ザ行이다.

2. 일본 상용한자 중 한국어 초성자음[ㅆ]이 들어가고 받침이 없는 한자음의 첫 번째 음절은 サ行이다.

3. 輸(실어낼 수)자가 ヤ行인 ユ로 발음되는 것은 예외적이다. 또한 단어에 따라 蛇(뱀 사)자를 ダ의 ダ行으로, 緒(緒)(실마리 서)자를 チョ의 タ行으로 발음하는 경우도 예외적이다.

색	サク	索(찾을)
	ソク	塞(막을)
	ショク/シキ	色(색)

　　　　　　例 特色(トクショク) 특색 / 色彩(シキサイ) 색채

석	シャク	釈(釋)(해석할)
	セキ	夕(저녁), 席(자리), 惜(아낄), 析(쪼갤)
	セキ/シャク	昔(옛)

　　　　　　例 昔年(セキネン) 석년 / 今昔(コンジャク) 금석

	セキ/シャク/コク	石(돌)

　　　　　　例 石材(セキザイ) 석재 / 磁石(ジシャク) 자석 /

　　　　　　石高(コクダカ) 미곡의 수확량. 江戸시대 쌀로 준 무사 녹봉의 수량

속	ソク	束(묶을), 速(速)(빠를)
	ゾク	俗(풍속), 属(屬)(이을), 続(續)(잇닿을)

숙	シュク	叔(아재비), 宿(잘), 淑(맑을), 粛(肅)(엄숙할)
	ジュク	塾(글방), 熟(익을)

식	シキ	式(법), 識(알)
	ショク	植(심을), 殖(번성할), 飾(꾸밀), 拭(닦을)
	ショク/ジキ	食(먹을)

　　　　　　例 食料(ショクリョウ) 식료 / 断食(ダンジキ) 단식

	ソク	息(숨쉴)

정리 ――――――――――――――――――――――――――――――――――――

1. 일본 상용한자 중 한국어 초성자음 [ㅅ]이 들어가고 받침이 ㄱ인 한자음의 1음절째
   는 대부분 サ行과 ザ行이다. 石(돌 석)자를 コク로 읽는 경우가 있는데 이것은 예외

적이다.

2. 일본 상용한자 중 한국어 초성자음 [ㅅ]이 들어가고 받침이 ㄱ인 한자음은 일본어로
   는 2음절로 발음되고 2음절째는 ク 또는 キ가 온다.

● 일본 상용한자 중 한국어 초성자음 [ㅅ]이 들어가고 받침이 ㄴ인 한자음

산	サン	散(흩을), 傘(우산), 山(뫼), 産(낳을), 算(셈할), 酸(초)
선	セン	仙(신선), 先(먼저), 宣(베풀), 扇(부채), 旋(돌), 線(줄), 船(배), 選(選)(가릴), 銑(끌), 鮮(고울), 羨(부러워할) 腺(샘)
	ゼン	善(착할), 繕(기울), 禅(禪)(고요할), 膳(반찬)
손	ソン	損(덜), 孫(손자), 遜(겸손할)
순	シュン	瞬(눈 깜박일)
	ジュン	巡(巡)(돌), 循(돌), 旬(열흘), 殉(따라 죽을), 盾(방패), 純(순수할), 順(순할)
	シン	唇(입술)
신	シン	伸(펼), 信(믿을), 娠(아이밸), 新(새), 申(펼), 紳(큰띠), 薪(섶나무), 身(몸), 辛(매울), 慎(愼)(삼갈)
	シン/ジン	臣(신하), 神(神)(귀신)

예 臣下(シンカ) 신하 / 大臣(ダイジン) 장관. 太政官의 최상급의 벼슬아치
神経(シンケイ) 신경 / 神宮(ジングウ) 신궁

	ジン	迅(迅)(빠를), 腎(콩팥)

정리

1. 일본 상용한자 중 한국어 초성자음 [ㅅ]이 들어가고 받침이 ㄴ인 한자음의 1음절째
   는 サ行과 ザ行이다.

2. 일본 상용한자 중 한국어 초성자음 [ㅅ]이 들어가고 받침이 ㄴ인 한자음은 일본어로
   는 2음절로 발음되고 2음절째는 ン으로 발음된다.

살	サツ/セツ	殺(殺)(죽일)
		例 殺人(サツジン) 살인 / 殺生(セッショウ) 살생
설	セツ	設(베풀), 雪(눈)
	セツ/ゼイ	説(말씀)
		例 説明(セツメイ) 설명 / 遊説(ユウゼイ) 유세
	ゼツ	舌(혀)
솔	ソツ/リツ	率(거느릴)
		例 引率(インソツ) 인솔 / 比率(ヒリツ) 비율
술	ジュツ	術(재주), 述(述)(지을)
실	シツ	失(잃을), 室(집)
	ジツ	実(實)(열매)

정리

1. 일본 상용한자 중 한국어 초성자음 [ㅅ]이 들어가고 받침이 ㄹ인 한자음의 1음절째 는 サ行과 ザ行이다. 率가 ラ行의 リツ로 발음되는 경우는 한자의 음이 비율 률자의 경우이므로 예외적이라고 볼 수 없다.

2. 일본 상용한자 중 한국어 초성자음 [ㅅ]이 들어가고 받침이 ㄹ인 한자음은 일본어로 2음절로 발음되고 2음절째는 ツ로 발음된다. 説자가 ゼイ로 발음되는 경우가 있는데 이것은 음이 말할 세자인 경우로 예외적이라고 볼 수 없다.

● 일본 상용한자 중 한국어 초성자음 [ㅅ]이 들어가고 받침이 ㅁ인 한자음

삼	サン	三(석)
	シン	森(나무 빽빽할)
섬	セン	織(織)(가늘)

| 심 | シン | 審(살필), 心(마음), 深(깊을), 芯(심) |
| | ジン | 尋(찾을), 甚(심할) |

정리

1. 일본 상용한자 중 한국어 초성자음 [ㅅ]이 들어가고 받침이 ㅁ인 한자음의 1음절째 는 サ行과 ザ行이다.
2. 일본 상용한자 중 한국어 초성자음 [ㅅ]이 들어가고 받침이 ㅁ인 한자음은 일본어로 는 2음절로 발음되고 2음절째는 ン으로 발음된다.

● 일본 상용한자 중 한국어 초성자음 [ㅅ]이 들어가고 받침이 ㅂ인 한자음

삽	ジュウ	渋(澁)(떫을)
	ソウ	挿(揷)(꽂을)
섭	ショウ	渉(涉)(건널)
	セツ	摂(攝)(몰아잡을)
습	シツ	湿(濕)(젖을)
	シュウ/ジュウ	拾(주울)
		예 収拾(シュウシュウ) 수습 / 拾万円(ジュウマンエン) 십만엔
	シュウ	習(익힐), 襲(엄습할)
십	ジュウ/ジッ	十(열)
		예 十字架(ジュウジカ) 십자가 / 十回(ジッカイ) 십회. ジュッカイ라고도 함

정리

1. 일본 상용한자 중 한국어 초성자음 [ㅅ]이 들어가고 받침이 ㅂ인 한자음의 1음절째 는 サ行 또는 ザ行이다.
2. 일본 상용한자 중 한국어 초성자음 [ㅅ]이 들어가고 받침이 ㅂ인 한자음은 일본어로 는 2음절로 발음되고 2음절째는 ウ 또는 ツ로 발음된다.

상 ショウ 傷(상처), 償(갚을), 商(장사), 床(평상), 詳(자세할), 賞(상줄),
祥(祥)(상서러울), 尚(오히려)

ショウ/ゾウ 象(코끼리)
[예] 象徵(ショウチョウ) 상징 / 巨象(キョゾウ) 큰 코끼리

ジョウ 常(항상), 状(狀)(형상)

ジョウ/ショウ 上(윗)
[예] 上昇(ジョウショウ) 상승 / 上人(ショウニン) 지덕을 갖춘 고승. 승려에 대한 경칭

ソウ 喪(죽을), 桑(뽕나무), 霜(서리), 爽(시원할)

ソウ/ソ 想(생각)
[예] 想像(ソウゾウ) 상상 / 愛想(アイソ) 붙임성. 정나미. 愛想(アイソウ) 의 전와

ソウ/ショウ 相(서로)
[예] 相互(ソウゴ) 상호 / 首相(シュショウ) 수상

ゾウ 像(형상)

생 セイ 牲(희생)

セイ/ショウ 生(날)
[예] 生命(セイメイ) 생명 / 一生(イッショウ) 일생

성 ジョウ 城(성)

セイ/ショウ 姓(성), 性(성품), 星(별), 省(살필), 声(聲)(소리)
[예] 同姓(ドウセイ) 동성 / 百姓(ヒャクショウ) 농민
性質(セイシツ) 성질 / 性分(ショウブン) 천성
星座(セイザ) 성좌 / 明星(ミョウジョウ) 샛별
反省(ハンセイ) 반성 / 省略(ショウリャク) 생략
声援(セイエン) 성원 / 入声(ニッショウ) 입성, 한자 사성의 하나

セイ/ジョウ 成(될), 盛(성할)
[예] 成功(セイコウ) 성공 / 成就(ジョウジュ) 성취

<u>盛</u>大(セイダイ) 성대 / 繁<u>盛</u>(ハンジョウ) 번성

	セイ	聖(성스러울), 誠(정성), 醒(깰)
송	ショウ	松(소나무), 訟(송사할)
	ソウ	送(送)(보낼)
숭	スウ	崇(높을)
승	ショウ	勝(이길), 升(되), 承(이을), 昇(오를)
	ジョウ	乗(乘)(탈), 縄(繩)(줄)
	ソウ	僧(僧)(중)
쌍	ソウ	双(雙)(둘)

정리

1. 일본 상용한자 중 한국어 초성자음 [ㅅ]이 들어가고 받침이 ㅇ인 한자음의 1음절째는 サ行과 ザ行이다.
2. 일본 상용한자 중 한국어 초성자음 [ㅆ]이 들어가고 받침이 ㅇ인 双(雙)(둘 쌍)자의 한자음의 1음절째는 サ行이다.
3. 일본 상용한자 중 한국어 초성자음 [ㅅ]이 들어가고 받침이 ㅇ인 한자음은 일본어로는 대부분 2음절로 발음되고 2음절째는 대부분 ウ 또는 イ로 발음된다.
4. 일본 상용한자 중 한국어 초성자음 [ㅆ]이 들어가고 받침이 ㅇ인 双(雙)(둘 쌍)자의 한자음은 2음절이고 2음절째는 ウ로 발음된다.
5. 想(생각 상)자가 ソ의 1음절로 발음되는 경우는 예외적이다.

Ⅲ. 동자이음한자(同字異音漢字)

<u>砂</u>糖(<u>サ</u>トウ) 설탕 ‖ 土<u>砂</u>(ド<u>シャ</u>) 토사

出<u>仕</u>(シュッ<u>シ</u>) 출근 ‖ 給<u>仕</u>(キュウ<u>ジ</u>) 잔심부름을 함. 사환

<u>事</u>物(<u>ジ</u>ブツ) 사물 ‖ 好<u>事</u>家(コウ<u>ズ</u>カ) 호사가

大蛇(ダイジャ) 큰 뱀 ‖ 蛇行(ダコウ) 사행. 꾸불꾸불 나아감

由緒(ユイショ) 유서 ‖ 情緒(ジョウチョ) 정서

西暦(セイレキ) 서기 ‖ 西海(サイカイ) 서해

歳月(サイゲツ) 세월 ‖ 歳暮(セイボ) 세모

世紀(セイキ) 세기 ‖ 世界(セカイ) 세계

素材(ソザイ) 소재 ‖ 素手(スデ) 맨손

守備(シュビ) 수비 ‖ 留守(ルス) 부재중. 집 지킴

修飾(シュウショク) 수식 ‖ 修行(シュギョウ) 수행

数字(スウジ) 숫자 ‖ 数奇屋(スキヤ) 다실

施設(シセツ) 시설 ‖ 布施(フセ) 남에게 베풂. 스님에게 시주하는 일

指示(シジ) 지시 ‖ 示唆(シサ) 시사

特色(トクショク) 특색 ‖ 色彩(シキサイ) 색채

昔年(セキネン) 석년 ‖ 今昔(コンジャク) 금석

石材(セキザイ) 석재 ‖ 磁石(ジシャク) 자석 ‖ 石高(コクダカ) 미곡의 수확량.
江戸시대에 쌀로 준 무사 녹봉의 수량

食料(ショクリョウ) 식료 ‖ 断食(ダンジキ) 단식

臣下(シンカ) 신하 ‖ 大臣(ダイジン) 장관. 太政官의 최상급의 벼슬아치

神経(シンケイ) 신경 ‖ 神宮(ジングウ) 신궁

殺人(サツジン) 살인 ‖ 殺生(セッショウ) 살생

説明(セツメイ) 설명 ‖ 遊説(ユウゼイ) 유세

引率(インソツ) 인솔 ‖ 比率(ヒリツ) 비율

収拾(シュウシュウ) 수습 ‖ 拾万円(ジュウマンエン) 십만엔

十字架(ジュウジカ) 십자가 ‖ 十回(ジッカイ) 십회. ジュッカイ 라고도 함

象徴(ショウチョウ) 상징 ‖ 巨象(キョゾウ) 큰 코끼리

上昇(ジョウショウ) 상승 ‖ 上人(ショウニン) 지덕을 갖춘 고승. 승려에 대한 경칭

想像(ソウゾウ) 상상 ‖ 愛想(アイソ) 붙임성. 정나미. 愛想(アイソウ)의 전와

相互(ソウゴ) 상호 ‖ 首相(シュショウ) 수상

生命(セイメイ) 생명 ‖ 一生(イッショウ) 일생

同姓(ドウセイ) 동성 ‖ 百姓(ヒャクショウ) 농민

性質(セイシツ) 성질 ‖ 性分(ショウブン) 천성

星座(セイザ) 성좌 ‖ 明星(ミョウジョウ) 샛별

反省(ハンセイ) 반성 ‖ 省略(ショウリャク) 생략

声援(セイエン) 성원 ‖ 入声(ニッショウ) 입성, 한자 사성의 하나

成功(セイコウ) 성공 ‖ 成就(ジョウジュ) 성취

盛大(セイダイ) 성대 ‖ 繁盛(ハンジョウ) 번성

Ⅳ. 단어학습

唆す	そそのかす	부추기다	砂	すな	모래
伺う	うかがう	듣다·묻다의 겸사말	賜る	たまわる	윗사람에게서 받다
仕える	つかえる	시중들다. 섬기다	斜め	ななめ	기욺. 경사짐
謝る	あやまる	사죄하다. 사절하다	社	やしろ	신을 모신 건물. 신사
蛇	へび	뱀	緒	お	가는 끈. 들메 끈
誓う	ちかう	맹세하다	逝く	いく	죽다
婿	むこ	사위	勢い	いきおい	기세. 세력. 기운

召す	めす	먹다. 마시다. 입다. 타다의 높임말			
宵	よい	저녁. 밤	沼	ぬま	늪
疎い	うとい	소원하다. 잘 모르다	訴える	うったえる	소송하다
遡る	さかのぼる	거슬러 올라가다	掃く	はく	쓸다
騒ぐ	さわぐ	떠들다. 동요하다	鎖	くさり	쇠사슬
砕く	くだく	부수다	刷る	する	인쇄하다. 찍어 내다
衰える	おとろえる	쇠하다	狩る	かる	사냥하다. 잡다
授ける	さずける	주다. 하사하다	寿	ことぶき	축수. 장수. 경사
秀でる	ひいでる	빼어나다	獣	けもの	짐승
垂らす	たらす	드리우다. 흘리다	遂げる	とげる	이루다. 마치다
穂	ほ	이삭	痩せる	やせる	여위다. 메마르게 되다
試みる	こころみる	시험하다	施す	ほどこす	베풀다
氏	うじ	성. 가문	塞ぐ	ふさぐ	막다
宿	やど	숙소	熟れる	うれる	익다. 여물다
殖える	ふえる	늘리다	扇	おうぎ	부채
鮮やかだ	あざやかだ	산뜻하다. 깨끗하다	羨む	うらやむ	부러워하다
瞬く	またたく	눈 깜박이다. 반짝이다	薪	たきぎ	땔나무. 장작
率いる	ひきいる	거느리다	室	むろ	집. 암실. 승방
参る	まいる	가다의 겸사말	甚だしい	はなはだしい	심하다. 대단하다
渋い	しぶい	떫다	襲う	おそう	습격하다. 느닷없이 방문하다
償う	つぐなう	보상하다. 속죄하다	商う	あきなう	장사하다
桑	くわ	뽕나무	爽やかだ	さわやかだ	시원하다. 상쾌하다

升	ます	되. 두량		承る	うけたまわる 삼가 받다. 떠맡다
縄	なわ	줄			

V. 문제

1. 가타카나로 제시된 음과 <u>다르게</u> 읽히는 한자를 고르세요.

1) シ   ① 氏   ② 似   ③ 嗣   ④ 賜

2) シャ   ① 捨   ② 赦   ③ 舎   ④ 唆

3) シュク   ① 淑   ② 粛   ③ 叔   ④ 塾

4) ジョ   ① 暑   ② 序   ③ 徐   ④ 叙

5) ショウ   ① 召   ② 騒   ③ 焼   ④ 昭

6) ジョウ   ① 常   ② 城   ③ 渉   ④ 縄

7) シン   ① 唇   ② 審   ③ 伸   ④ 迅

8) セン   ① 繊   ② 旋   ③ 鮮   ④ 繕

9) ソ   ① 訴   ② 疎   ③ 巣   ④ 塑

10) ソウ   ① 尚   ② 喪   ③ 双   ④ 僧

2. 가타카나로 제시된 음과 <u>다르게</u> 읽히는 한어를 고르세요.

1) シセイ   ① 姿勢   ② 市政   ③ 時勢   ④ 至誠

2) シャコウ   ① 社交   ② 斜光   ③ 射幸   ④ 車庫

3) ショウカイ ① 照会   ② 常会   ③ 商会   ④ 詳解

4) スイコウ   ① 遂行   ② 推考   ③ 水耕   ④ 随行

5) セイセイ   ① 生成   ② 精製   ③ 整斉   ④ 税制

「まぶた」は、「瞼」 vs.「目蓋」、どっち?

　どちらも用いるが、「瞼」のほうが標準的な表記。もともと「まぶた」は、「ま(目)」の「ふた(蓋)」の意。「目蓋」は語源を反映した書き方だが、一般には「瞼」のほうが用いられる。「やじり」(矢の端の、物に突き刺さる部分)なども、語源を反映した「矢尻」という表記があるが、「鏃」と書くほうが標準的だ。

(北原保雄編『問題な日本語 その4』による)

3. 아래의 밑줄 친 부분의 한어를 어떻게 읽는지 괄호 안에 히라가나로 써 넣으세요.

　1) このデータは、需要がさらに増加する可能性を示唆している。(　　　　　)

　2) 新しい法律は、天皇が国璽を押印することで正式に施行される。(　　　　　)

　3) 社会から疎外された人々を支援するためのプログラムが必要だ。(　　　　　)

　4) 骨髄の健康状態は血液の生成に重要な役割を果たす。(　　　　　)

　5) 決勝戦で惜敗したものの、選手たちは全力を尽くした。(　　　　　)

　6) このマンションは計画的な修繕工事の実施が不可欠だ。(　　　　　)

　7) 彼女の毒舌コメントは、多くの人に笑いを提供しています。(　　　　　)

　8) その繊細なデザインのドレスは、結婚式にぴったりです。(　　　　　)

　9) 申し訳ありませんが、渋滞で少し遅れてしまいそうです。(　　　　　)

　10) 夕焼けに染まる桑園は、まるで絵画のようだった。(　　　　　)

4. 다음 밑줄 친 부분의 한자표기어를 어떻게 읽는지 괄호 안에 히라가나로 써 넣으세요

　1) 悪意のある人物が、彼を唆して嘘の証言をさせた。(　　　　　)

　2) 彼は芸術に一生を捧げ、芸術に仕えた。(　　　　　)

　3) 彼女は名誉毀損で彼を訴えるつもりだ。(　　　　　)

　4) 木は冬になると葉を落とし、生命力が衰える。(　　　　　)

　5) よだれを垂らす息子の姿が見える。(　　　　　)

　6) 彼は健康を損ない、仕事を辞めざるを得なかった。(　　　　　)

7) トマトがまだ熟れていないから、もう少し日に当てておこう。（　　　　　　）

8) 瞬く間に状況は一変した。（　　　　　　）

9) 会社は製品の欠陥による損害を全額償うことを約束した。（　　　　　　）

10) 彼らは一家を次々に襲う計画を立てていた。（　　　　　　）

미니상식　　히라가나는 '여자문자(女文字)' 한자는 '남자문자(男文字)'

　　셰이쇼 나곤(清少納言)에 대해서는 라이벌인 무라사키 시키부(紫式部)가 『紫式部日記』에서 '마나(真名・真字まな)'즉 한자를 '아무렇게나 마구 쓰고(書き散らしはべるほども)' 자세히 보면 부족한 점이 매우 많다고 그녀를 강하게 비판하고 있다.

　　무라사키 시키부 자신은 한적(漢籍), 즉 중국 서적의 어려운 한자는 물론이거니와 '一'이라는 간단한 한자 조차도 남들 앞에서는 쓰지 않는다고 일기에 적었다. 헤이안 시대에는 한자 특히 漢籍에서 유래하는 한자는 남성이 사용하는 것으로 인식되어 있었다. 그 때문에 남성인 기노 스라유키(紀貫之)가 히라가나로 『土左日記』를 쓰는데 있어 자신을 여성으로 칭하는 것이 필요하였다.

　　히라가나는 그 육성자인 여자만의 '여자문자(女文字・女手)', 한자는 漢籍이나 불전을 배우는 남자만의 '남자문자(男文字・男手)', 이와 같은 의식의 벽에 의해 두 문자는 한동안 性差가 유지되었다. 이와 같이 문자나 말에 집단이나 장면에 의해 차이가 생기는 것을 '位相'이라고 한다. 일본문자의 다양성은 시스템으로서 복잡함과 다양한 위상이 복합되어 있는 것과도 관련이 있다.

(笹原宏之著 『訓読みのはなし』による)

---

5. 다음 한자의 부수를 예에서 찾아 기호로 답하세요.

例
　　ア. 尸(しかばね)　　　イ. 衣(ころも)　　　ウ. 寸(すん)　　　エ. 邑(おおざと)
　　オ. ノ(のかんむり)

1) 邪(간사할 사)　　（　　　）

2) 衰(쇠할 쇠)　　（　　　）

3) 属(이을 속)　　（　　　）

4) 尋(찾을 심)　　（　　　）

5) 乗(탈 승)　　（　　　）

6. 다음 한어의 구성이 예의 ア～オ 중에 어느 것에 해당하는 지 하나를 골라 기호로 답하세요.

> ┌ 例
> ア. 同じような意味の漢字を重ねたもの(岩石)
> イ. 反対または対応の意味を表す字を重ねたもの(高低)
> ウ. 前の字が後ろの字を修飾しているもの(洋画)
> エ. 後ろの字が前の字の目的語・補語になっているもの(着席)
> オ. 前の字が後ろの字の意味を打ち消しているもの(非常)

1) 迅速じんそく　　（　　　）

2) 授受じゅじゅ　　（　　　）

3) 私塾しじゅく　　（　　　）

4) 施錠しじょう　　（　　　）

5) 不審ふしん　　（　　　）

7. 다음 괄호 안에 두 글자 한어를 넣어 사자성어 한어를 완성시키세요.

1) 紳士(　　　　　) [品格があり、礼儀正しい男女]

2) (　　　　　)錯誤 [時代遅れの考え]

3) 山紫(　　　　　) [自然の風景の美しいこと]

4) (　　　　　)垂範 [先に立って模範を示すこと]

5) (　　　　　)一貫 [終始、態度や方針が変わらないこと]

8. 다음 문에는 동일한 일본한자음이지만 틀리게 사용된 한자가 한 자 있습니다. 왼쪽 괄호에는 잘못 사용된 한자를, 오른쪽 괄호에는 올바른 한자를 써 넣으세요.

1) 募金で集まったお金は、民間の社会福祉視設に寄付される。（　　　）（　　　）

2) 仏像が持つ伝統美の真随について、専門家の解説を聞いた。（　　　）（　　　）

3) 生態系の変化を祥細に調査した報告が学術誌に載った。(　　　) (　　　　)

4) 繁植力の強い外来種が生態系を乱す。(　　　) (　　　　)

5) 基地建設反対運動で署名を集める。(　　　) (　　　　)

◇ Ⅵ. 정리하기

▌일본 상용한자 2136자중 한국어 초성자음 [ㅅ] [ㅆ]이 들어가는 한자음

1. 일본 상용한자 중 한국어 초성자음 [ㅅ]이 들어가는 한자음의 1음절째는 받침의 유무를 막론하고 대부분 サ行 또는 ザ行으로 발음된다.

2. 일본 상용한자 중 한국어 초성자음[ㅆ]이 들어가는 한자음의 첫 번째 음절은 받침의 유무를 막론하고 サ行으로 발음된다.

3. 輸(실어낼 수)자를 ヤ行인 ユ로 발음하는 것은 예외이다. 또한 단어에 따라 蛇(뱀 사)자를 ダ의 ダ行으로, 緒(緒)(실마리 서)자를 チョ의 タ行으로, 石(돌 석)자를 コク의 カ行으로 발음하는 경우는 예외적이다.

4. 일본 상용한자 중 한국어 초성자음 [ㅆ]이 들어가는 한자음 氏(성 씨)자의 1음절째는 シ로 サ行으로 발음된다.

5. 일본 상용한자 중 한국어 초성자음 [ㅅ] [ㅆ]이 들어가고 받침이 들어가는 한자음은 일본어로는 대부분 2음절로 발음된다. 想(생각 상)자가 ソ의 1음절로 발음되는 때가 있는데 이 경우는 예외적이다.

6. 한국어의 받침에 대한 일본어 2음절째의 발음을 정리하면 아래의 표와 같다.

받침	발음	예외
ㄱ	ク또는 キ	
ㄴ	ン	
ㄹ	ツ	
ㅁ	ン	
ㅂ	ウ 또는 ツ	
ㅇ	ウ 또는 イ	

한국어 초성자음 [ㅈ]이 들어가는 상용한자

제11과

Ⅰ. 학습목표

이 과에서는 일본 상용한자 2136자 중 한국어 초성자음 [ㅈ]이 들어가는 한자를 대상으로 한자의 음독, 훈독연습을 비롯해 다양한 문제를 풀어본다. 또한 일본 상용한자에 제시된 훈을 단어학습을 통해 세밀하게 학습한다.

이렇게 함으로써 일본 상용한자에 익숙해 짐과 동시에 일본에서 실시하는 공인일본한자능력검정시험 대비도 할 수 있도록 한다.

Ⅱ. 한자음독강의

일본 상용한자 중 한국어 초성자음 [ㅈ]이 들어가는 한자음을 한국과 일본의 한자음의 대응관계를 통해 학습한다.

● 일본 상용한자 중 한국어 초성자음 [ㅈ]이 들어가고 받침이 없는 한자음

자　シ　　　刺(찌를), 姉(누이), 姿(맵시), 子(아들), 紫(자주빛), 諮(물을), 資(재물), 雌(암컷), 恣(방자할)

　　　ジ　　　字(글자), 慈(자비로울), 滋(불을), 磁(자석)

	ジ/シ	自(스스로)
		예 自由(ジユウ) 자유 / 自然(シゼン) 자연
	シャ	煮(煮)(삶을), 者(者)(놈)
재	サイ	宰(재상), 才(재주), 栽(심을), 災(재앙), 裁(마를), 載(실을), 斎(齋)(재계할)
	サイ/サ	再(두번)
		예 再選(サイセン) 재선 / 再来年(サライネン) 내후 년
	ザイ	材(재목), 在(있을)
	ザイ/サイ	財(재물)
		예 財産(ザイサン) 재산 / 財布(サイフ) 지갑
저	ソ	狙(교활할)
	チョ	貯(쌓을), 著(著)(나타날)
	テイ	低(낮을), 底(밑), 抵(막을), 邸(집)
제	サイ	祭(제사), 際(때), 済(濟)(건널)
	ザイ	剤(劑)(약 지을)
	ショ	諸(諸)(모두)
	ジョ	除(덜)
	セイ	制(억제할), 製(지을), 斉(齊)(가지런할)
	ダイ	第(차례), 題(제목)
	テイ	堤(방죽), 帝(임금), 弟(아우), 提(끌)
조	ジョ	助(도울)
	ショウ	照(비출), 詔(고할)
	ジョウ	条(條)(곁가지)
	ソ	措(둘), 租(구실), 粗(거칠), 組(짤), 祖(祖)(조상), 阻(험할)

	ソウ	操(지조), 曹(마을), 槽(구유), 燥(마를), 藻(말), 遭(만날)
	ソウ/サッ	早(이를)
		예 早期(ソウキ) 조기 / 早速(サッソク) 곧바로
	ゾウ	造(造)(만들)
	チョウ	兆(조짐), 弔(조상할), 彫(새길), 朝(아침), 潮(조수), 眺(바라볼), 調(고를), 釣(낚시), 鳥(새), 嘲(비웃을)
좌	サ	佐(도울), 左(왼)
	ザ	座(앉을), 挫(꺾을)
죄	ザイ	罪(허물)
주	シュ	朱(붉을), 珠(구슬), 酒(술)
	シュ/ス	主(주인)
		예 主人(シュジン) 주인 / 法主(ホッス) 한 종파의 우두머리. ホウシュ、ホッシュ라고도 함
	ジュ	呪(빌)
	シュウ	周(두루), 州(고을), 舟(배), 週(週)(돌)
	ジュウ	住(살)
	ソウ	奏(아뢸), 走(달릴)
	チュウ	宙(집), 柱(기둥), 注(물댈), 昼(晝)(낮), 鋳(鑄)(만들), 酎(진한 술), 駐(머무를)
지	シ	志(뜻), 指(손가락), 支(가를), 旨(뜻), 枝(가지), 止(그칠), 紙(종이), 肢(사지), 脂(기름), 至(이를), 誌(기록할), 祉(祉)(복), 摯(지극할)
	ジ	持(가질)
	チ	池(연못), 知(알), 遅(遲)(늦을)
	チ/ジ	地(땅)
		예 土地(トチ) 토지 / 地震(ジシン) 지진

1. 일본 상용한자 중 한국어 초성자음 [ㅈ]이 들어가고 받침이 없는 한자음의 1음절째는 대부분 サ行 또는 ザ行으로 발음된다. タ行 또는 ダ行으로 발음되는 한자도 있는데 이 경우는 본래 한국어 초성자음 [ㄷ]이었던 것이 구개음화 현상으로 인하여 [ㅈ]으로 바뀐 것으로 예외라고는 볼 수 없는 경우이다.

● 일본 상용한자 중 한국어 초성자음 [ㅈ]이 들어가고 받침이 [ㄱ]인 한자음

작	サク	昨(어제)
	サク/サ	作(지을)
		예 創作(ソウサク) 창작 / 操作(ソウサ) 조작
	シャク	勺(구기), 爵(벼슬), 酌(따를)
적	セキ	積(쌓을), 籍(서적), 績(길쌈할), 跡(발자취)
	セキ/シャク	赤(붉을)
		예 赤道(セキドウ) 적도 / 赤銅(シャクドウ) 적동
	セキ/ジャク	寂(적막할)
		예 寂寥(セキリョウ) 적료 / 寂念(ジャクネン) 적념
	ゾク	賊(도둑)
	チャク	嫡(정실)
	テキ	摘(딸), 滴(물방울), 的(과녁), 笛(피리), 適(適)(맞을), 敵(적)
족	ソク	足(발)
	ゾク	族(겨레)
죽	チク	竹(대나무)
즉	ソク	即(卽)(곧)
직	ショク/シキ	織(짤)
		예 紡織(ボウショク) 방직 / 組織(ソシキ) 조직

ショク　　　　　職(직책)

チョク/ジキ　　直(곧을)

　　　　　　　　예 直視(チョクシ) 직시 / 正直(ショウジキ) 정직

1. 일본 상용한자 중 한국어 초성자음 [ㅈ]이 들어가고 받침이 [ㄱ]인 한자음은 2음절이
   고 1음절째는 대부분 サ行 또는 ザ行으로 발음된다. タ行으로 발음되는 한자도 있는
   데 이 경우는 본래 한국어 초성자음 [ㄷ]이었던 것이 구개음화 현상으로 인하여 [ㅈ]
   으로 바뀐 것으로 예외라고는 볼 수 없는 경우이다. 作(지을 작) 자가 1음절 サ로
   발음될 때가 있는데 이것은 예외적인 것이다.

2. 일본 상용한자 중 한국어 초성자음 [ㅈ]이 들어가고 받침이 [ㄱ]인 한자음의 2음절째
   는 대부분 ク 또는 キ로 발음된다.

● 일본 상용한자 중 한국어 초성자음 [ㅈ]이 들어가고 받침이 [ㄴ]인 한자음

잔　サン　　　　　桟(棧)(잔도)

　　　ザン　　　　　残(殘)(남을)

전　セン　　　　　栓(나무못), 専(專)(오로지), 戦(戰)(싸울), 銭(錢)(돈), 煎(달일), 箋(글),
　　　　　　　　　　詮(설명할)

　　　ゼン　　　　　全(온전할), 前(앞)

　　　テン　　　　　典(법), 展(펼), 転(轉)(구를), 塡(塡)(메울)

　　　テン/デン　　殿(대궐)
　　　　　　　　　　예 殿上(テンジョウ) 궁중의 正殿 내 / 宮殿(キュウデン) 궁전

　　　デン　　　　　伝(傳)(전할), 電(전기), 田(밭)

존　ソン/ゾン　　存(있을)
　　　　　　　　　　예 存在(ソンザイ) 존재 / 存命(ゾンメイ) 생존해 있음

　　　ソン　　　　　尊(높을)

준	シュン	俊(준걸)
	ジュン	准(승인할), 準(평평할), 遵(좇을)
진	シン	振(떨칠), 津(나루), 診(볼), 進(나아갈), 震(벼락), 真(眞)(참)
	ジン	陣(진칠), 尽(盡)(다할)
	チン	珍(보배), 陳(벌일), 鎮(鎭)(진압할)

정리

1. 일본 상용한자 중 한국어 초성자음 [ㅈ]이 들어가고 받침이 [ㄴ]인 한자음은 2음절이고 1음절째는 대부분 サ行 또는 ザ行으로 발음된다. タ行 또는 ダ行으로 발음되는 한자도 있는데 이 경우는 본래 한국어 초성자음 [ㄷ]이었던 것이 구개음화 현상으로 인하여 [ㅈ]으로 바뀐 것으로 예외라고는 볼 수 없는 경우이다.

2. 일본 상용한자 중 한국어 초성자음 [ㅈ]이 들어가고 받침이 [ㄴ]인 한자음의 2음절째는 ン으로 발음된다.

● 일본 상용한자 중 한국어 초성자음 [ㅈ]이 들어가고 받침이 [ㄹ]인 한자음

절	セツ	折(꺾을), 窃(竊)(훔칠)
	セツ/サイ	切(끊을)
		예 親切(シンセツ) 친절 / 一切(イッサイ) 일절
	セツ/セチ	節(節)(마디)
		예 節度(セツド) 절도 / 節会(セチエ) 옛날 조정에서 베풀던 연회
	ゼツ	絶(끊을)
졸	ソツ	卒(군사)
	セツ	拙(졸할)
질	シツ	疾(병), 叱(꾸짖을), 嫉(시기할)
	シツ/シチ/チ	質(바탕)
		예 質問(シツモン) 질문 / 質屋(シチヤ) 전당포 / 言質(ゲンチ) 언질

チツ	秩(차례), 窒(막을)
テツ	迭(迭)(갈마들)

1. 일본 상용한자 중 한국어 초성자음 [ㅈ]이 들어가고 받침이 [ㄹ]인 한자음은 2음절이고 1음절째는 대부분 サ行 또는 ザ行으로 발음된다. タ行으로 발음되는 한자도 있는데 이 경우는 본래 한국어 초성자음이 [ㄷ]이었던 것이 구개음화 현상으로 인하여 [ㅈ]으로 바뀐 것으로 예외라고는 볼 수 없는 경우이다. 質(바탕 질)자가 チ의 1음절로 발음되는 것은 예외적이다.

2. 일본 상용한자 중 한국어 초성자음 [ㅈ]이 들어가고 받침이 [ㄹ]인 한자음의 2음절째는 대부분 ツ이고 일부분이 チ로 발음된다. 切(끊을 절)자가 サイ로 2음절째를 イ로 읽는 경우가 있는데 이것은 예외적이다.

● 일본 상용한자 중 한국어 초성자음 [ㅈ]이 들어가고 받침이 [ㅁ]인 한자음

잠	サン	蚕(蠶)(누에)
	ザン	暫(잠깐)
	セン	潜(潛)(잠길)
점	セン	占(차지할)
	ゼン	漸(점점)
	テン	店(가게), 点(點)(점찍을)
	ネン	粘(끈끈할)
짐	チン	朕(나)

1. 일본 상용한자 중 한국어 초성자음 [ㅈ]이 들어가고 받침이 [ㅁ]인 한자음은 2음절이고 1음절째는 대부분 サ行 또는 ザ行으로 발음된다. タ行 또는 ダ行으로 발음되는 한자도 있는데 이 경우는 본래 한국어 초성자음이 [ㄷ]이었던 것이 구개음화 현상으

로 인하여 [ㅈ]으로 바뀐 것으로 예외라고는 볼 수 없는 경우이다. 粘(끈끈할 점)자가 ナ行으로 읽히는 경우가 있는데 이것은 예외적이다.

2. 일본 상용한자 중 한국어 초성자음 [ㅈ]이 들어가고 받침이 [ㅁ]인 한자음의 2음절째 는 ン으로 발음된다.

● **일본 상용한자 중 한국어 초성자음 [ㅈ]이 들어가고 받침이 [ㅂ]인 한자음**

잡	ザツ/ゾウ	雑(雜)(섞일)
		예 雑誌(ザッシ) 잡지 / 雑巾(ゾウキン) 걸레
접	セツ	接(이을)
즙	ジュウ	汁(진액)
집	シツ/シュウ	執(잡을)
		예 執拗(シツヨウ) 집요 / 執着(シュウチャク) 집착
	シュウ	集(모을)

정리

1. 일본 상용한자 중 한국어 초성자음 [ㅈ]이 들어가고 받침이 [ㅂ]인 한자음은 2음절 이고 1음절째는 サ行 또는 ザ行으로 발음된다.

2. 일본 상용한자 중 한국어 초성자음 [ㅈ]이 들어가고 받침이 [ㅂ]인 2음절째는 ウ나 ッ로 발음된다.

● **일본 상용한자 중 한국어 초성자음 [ㅈ]이 들어가고 받침이 [ㅇ]인 한자음**

장	ショウ	匠(장인), 掌(손바닥), 章(글), 粧(단장할), 障(막힐), 奨(奬)(꾸밀), 将(將)(장수)
	ジョウ	丈(어른), 場(장소)
	ソウ	葬(장사), 壮(壯)(장할), 荘(莊)(장중할)

	ショウ/ソウ	装(裝)(꾸밀)
		예 衣装(イショウ) 의상 / 装飾(ソウショク) 장식
	ゾウ	臓(臟)(내장), 蔵(藏)(감출)
	チョウ	帳(휘장), 張(베풀), 腸(창자), 長(길),
쟁	ソウ	争(爭)(다툴)
정	ショウ	晶(밝을)
	ジョウ	錠(덩어리), 浄(淨)(깨끗할)
	セイ	征(칠), 整(가지런할)
	セイ/ショウ	井(우물), 政(정사), 正(바를), 精(정할)
		예 市井(シセイ) 시정 / 天井(テンジョウ) 천정
		政治(セイジ) 정치 / 摂政(セッショウ) 섭정
		正義(セイギ) 정의 / 正面(ショウメン) 정면
		精密(セイミツ) 정밀 / 精霊(ショウリョウ) 죽은 자의 영혼
	セイ/ジョウ	情(情)(뜻), 静(靜)(조용할)
		예 情報(ジョウホウ) 정보 / 風情(フゼイ) 풍치
		安静(アンセイ) 안정 / 静脈(ジョウミャク) 정맥
	チョウ	町(밭두둑), 頂(정수리)
	チョウ/テイ	丁(천간)
		예 丁数(チョウスウ) 책의 장수 / 丁寧(テイネイ) 친절하고 예의바름
	テイ	亭(정자), 停(머무를), 偵(정탐할), 呈(드릴), 庭(뜰), 廷(조정), 程(정도), 艇(거룻배), 訂(바로잡을), 貞(곧을)
	テイ/ジョウ	定(정할)
		예 安定(アンテイ) 안정 / 定石(ジョウセキ) 정석
종	シュ	種(씨), 腫(부스럼)
	シュウ	宗(마루), 終(마칠)

	ジュウ	從(従)(따를), 縦(縱)(세로)
	ショウ	鐘(쇠북)
	ソウ	踪(자취)
중	シュウ/シュ	衆(무리)

예 衆寡(シュウカ) 인원수가 많은 것과 적은 것 / 衆生(シュジョウ) 중생

	ジュウ/チョウ	重(무거울)

예 重大(ジュウダイ) 중대 / 慎重(シンチョウ) 신중

	チュウ	中(가운데), 仲(버금)
증	ショウ	証(證)(증거), 症(병 증세)
	ジョウ	蒸(찔)
	ソウ	曽(일찍)
	ゾウ	憎(憎)(미워할), 増(增)(더할)
	ゾウ/ソウ	贈(贈)(줄)

예 贈呈(ゾウテイ) 증정 / 寄贈(キソウ) 기증. キゾウ라고도 함

징	チョウ	澄(맑을), 懲(懲)(혼날), 徴(徵)(부를)

정리

1. 일본 상용한자 중 한국어 초성자음 [ㅈ]이 들어가고 받침이 [ㅇ]인 한자음은 2음절이고 1음절째는 대부분 サ行 또는 ザ行으로 발음된다. タ行으로 발음되는 한자도 있는데 이 경우는 본래 한국어 초성자음이 [ㄷ]이었던 것이 구개음화 현상으로 인하여 [ㅈ]으로 바뀐 것으로 예외라고는 볼 수 없는 경우이다. 단 種(씨 종), 腫(부스럼 종)자는 しゅ의 1음절로 발음되고 衆(무리 중)자도 しゅ의 1음절로 발음될 때도 있다.

2. 일본 상용한자 중 한국어 초성자음 [ㅈ]이 들어가고 받침이 [ㅇ]인 한자음의 2음절째는 ウ또는 イ로 발음된다.

自由(ジユウ) 자유 ‖ 自然(シゼン) 자연

再選(サイセン) 재선 ‖ 再来年(サライネン) 내후년

財産(ザイサン) 재산 ‖ 財布(サイフ) 지갑

早期(ソウキ) 조기 ‖ 早速(サッソク) 곧바로.

主人(シュジン) 주인 ‖ 法主(ホッス) 한 종파의 우두머리. ホウシュ, ホッシュ라고도 함

土地(トチ) 토지 ‖ 地震(ジシン) 지진

創作(ソウサク) 창작 ‖ 操作(ソウサ) 조작

赤道(セキドウ) 적도 ‖ 赤銅(シャクドウ) 적동

寂寥(セキリョウ) 적료 ‖ 寂念(ジャクネン) 적념

紡織(ボウショク) 방직 ‖ 組織(ソシキ) 조직

直視(チョクシ) 직시 ‖ 正直(ショウジキ) 정직

殿上(テンジョウ) 궁중의 正殿 내 ‖ 宮殿(キュウデン) 궁전

存在(ソンザイ) 존재 ‖ 存命(ゾンメイ) 생존해 있음

親切(シンセツ) 친절 ‖ 一切(イッサイ) 일절

節度(セツド) 절도 ‖ 節会(セチエ) 옛날 조정에서 베풀던 연회

質問(シツモン) 질문 ‖ 質屋(シチヤ) 전당포 ‖ 言質(ゲンチ) 언질

雑誌(ザッシ) 잡지 ‖ 雑巾(ゾウキン) 걸레

執拗(シツヨウ) 집요 ‖ 執着(シュウチャク) 집착

衣装(イショウ) 의상 ‖ 装飾(ソウショク) 장식

市井(シセイ) 시정 ‖ 天井(テンジョウ) 천정

政治(セイジ) 정치 ‖ 摂政(セッショウ) 섭정

正義(セイギ) 정의 ‖ 正面(ショウメン) 정면

精密(セイミツ) 정밀 ‖ 精霊(ショウリョウ) 죽은 자의 영혼

情報(ジョウホウ) 정보 ‖ 風情(フゼイ) 풍치

安静(アンセイ) 안정 ‖ 静脈(ジョウミャク) 정맥

丁数(チョウスウ) 책의 장수 ‖ 丁寧(テイネイ) 친절하고 예의 바름

安定(アンテイ) 안정 ‖ 定石(ジョウセキ) 정석

衆寡(シュウカ) 인원수가 많은 것과 적은 것 ‖ 衆生(シュジョウ) 중생

重大(ジュウダイ) 중대 ‖ 慎重(シンチョウ) 신중

贈呈(ゾウテイ) 증정 ‖ 寄贈(キソウ) 기증. キゾウ라고도 함

Ⅳ. 단어학습

刺す	さす	찌르다	紫	むらさき	자주 빛
諮る	はかる	묻다	雌	めす	암컷
慈しむ	いつくしむ	자비롭다	裁つ	たつ	마르다. 재단하다
阻む	はばむ	저지하다. 막다	狙う	ねらう	노리다
祭る	まつる	제사 지내다	済む	すむ	끝나다. 해결되다
堤	つつみ	방죽. 제방	提げる	さげる	손에 들다
照らす	てらす	비추다	詔	みことのり	조칙
粗い	あらい	거칠다	操る	あやつる	조종하다
藻	も	말. 수초·해초의 총칭	遭う	あう	만나다
兆	きざし	조짐	弔う	とむらう	조문하다
彫る	ほる	새기다	潮	しお	조수

眺める	ながめる	바라보다	嘲る	あざける	비웃다
呪う	のろう	저주하다	周り	まわり	사물의 둘레
奏でる	かなでる	연주하다	鋳る	いる	주조하다
志す	こころざす	뜻하다	旨	むね	뜻
酌む	くむ	따라서 마시다	摘む	つむ	따다
滴	しずく	물방울	的	まと	과녁
笛	ふえ	피리	織る	おる	짜다
銭	ぜに	돈	煎る	いる	달이다
尊い	とうとい	소중하다. 높다	震う	ふるう	떨리다. 진동하다
慎む	つつしむ	삼가하다	鎮める	しずめる	진압하다
拙い	つたない	서투르다. 어리석다	蚕	かいこ	누에
潜む	ひそむ	숨어 있다. 잠재하다	粘る	ねばる	끈끈하다
専ら	もっぱら	오로지	障る	さわる	방해가 되다. 해롭다
葬る	ほうむる	장사 지내다	装う	よそおう	꾸미다. 가장하다
蔵	くら	곳간. 창고	頂	いただき	꼭대기
種	たね	씨	腫れる	はれる	붓다
縦	たて	세로	鐘	かね	종
蒸す	むす	찌다	憎む	にくむ	미워하다
澄む	すむ	맑다	懲りる	こりる	질리다

1. 가타카나로 제시된 음과 <u>다르게</u> 읽히는 한자를 고르세요.

1) サイ	① 済	② 祭	③ 剤	④ 裁
2) シ	① 刺	② 滋	③ 諮	④ 雌
3) シュウ	① 汁	② 集	③ 終	④ 周
4) ショウ	① 掌	② 鐘	③ 照	④ 壮
5) セキ	① 積	② 績	③ 跡	④ 酌
6) セツ	① 接	② 絶	③ 窃	④ 拙
7) セン	① 潜	② 銭	③ 栓	④ 漸
8) ゾウ	① 造	② 臓	③ 阻	④ 蔵
9) チョウ	① 頂	② 澄	③ 呈	④ 弔
10) テン	① 店	② 電	③ 転	④ 典

2. 가타카나로 제시된 음과 <u>다르게</u> 읽히는 한어를 고르세요.

1) サイセイ	① 再生	② 済世	③ 祭政	④ 在世
2) シュウホウ	① 重砲	② 週報	③ 州法	④ 宗法
3) ショウジョウ	① 症状	② 将相	③ 掌上	④ 鐘状
4) シンゲン	① 震源	② 進言	③ 真剣	④ 箴言
5) チョウコウ	① 徴候	② 朝貢	③ 調号	④ 聴講

쉬어가기

「それが私の{持論 vs. 自論}だ」、どっち?

「持論」が正しい。かねて主張している説や意見の意。近年、校閲を経ないネット上の文章などで「自論」の表記が見られるが、これは「持論」の誤記から生まれたものと思われる。五〇万語を収録する『日本国語大辞典』(第二版)や約五〇万の熟語を収める『大漢和辞典』にも「自論」は掲載されていない。

(北原保雄編『問題な日本語 その4』による)

3. 아래의 밑줄 친 부분의 한어를 어떻게 읽는지 괄호 안에 히라가나로 써 넣으세요.

1) 政府は、専門家委員会に諮問し、政策の方向を決定した。（　　　　　　）

2) 日本におけるお茶の栽培はとても広範囲で行われている。（　　　　　　）

3) 高層ビルの最上階からは、素晴らしい眺望が楽しめる。（　　　　　　）

4) 古都には、長い歴史の中で培われた伝統文化が蓄積されている。（　　　　　　）

5) 歴史の空白部分を補填するために、考古学者たちは日々研究を続けている。
　　　　　　　　　　　　　　　　　　　　　（　　　　　　）

6) 警察は逃走中の窃盗容疑者を逮捕した。（　　　　　　）

7) 潤滑油は温度が下がるとともに粘度が高くなる。（　　　　　　）

8) 目標への執拗な追求が、彼を成功へと導いた。（　　　　　　）

9) 未知の土地を偵察するように、彼は新しい世界へと足を踏み入れた。（　　　　　　）

10) 警察は彼の失踪の理由を捜査している。（　　　　　　）

4. 다음 밑줄 친 부분의 한자표기어를 어떻게 읽는지 괄호 안에 히라가나로 써 넣으세요.

1) 彼の進路を阻むものは何もない。（　　　　　　）

2) 遠方から駆けつけ、故人を弔う気持ちを表した。（　　　　　　）

3) 弦楽器が奏でる旋律は、彼の心を揺さぶった。（　　　　　　）

4) 今後は、行動を慎むように心がける。（　　　　　　）

5) この悲しみを、心の奥底に深く葬る。（　　　　　　）

6) この計画は、会社の将来に障る可能性がある。（　　　　　　）

7) 足首を捻挫して、足が腫れている。（　　　　　　）

8) 樹木に潜む害虫を見つけ駆除した。（　　　　　　）

9) 彼は、平静を装いながらも、内心は動揺していた。（　　　　　　）

10) 妹はいつも部屋を快適に整える。（　　　　　　）

　　전화번호에서 볼 수 있는 '4126(요이후로 [よいふろ: 좋은 목욕])'등의 어조 맞추기 (語呂合わせ)는 친밀감을 갖기 쉽고 또 기억하기 쉽다는 선전 효과가 있어 자주 쓰이는 표현이다. 일본에서는 앞서 언급한 바와 같이 숫자에 훈독읽기가 적용된 것도 하나의 요인이 되어, 이와 같이 어조를 통한 외우는 방법이 발달하였다. '이이쿠니쓰쿠로 가마쿠라바쿠후(いいくに(1192年)つくろう鎌倉幕府: 좋은 나라 만들자 가마쿠라 막부)'처럼 역사 연대 외우기를 약간은 억지로 외운 사람도 많을 것이다.

　　NTT의 호출기 서비스는 지난 2007년 3월에 종료되었지만 '4649(요로시쿠 [よろしく]: 잘 부탁한다)'라든지 '14106(아이시테루 [あいしてる]: 사랑해, 1을 I로 간주)' 등 수많은 독특한 어조맞추기가 탄생되었다.

　　최근 일본에서는 스티커 사진이나 인터넷상에서 '02娘01'라고 쓰는 것이 일부 여자 중학생들 사이에서 유행하고 있다. 이것은 '니코이치(にこいち)'라고 읽는데 '둘이서 하나' 라는 것에서 '사이가 좋아지다(친해지다)'라는 의미라고 한다. 컴퓨터 등에서 한 자리수 숫자 앞에 0을 붙여 표시하는 것의 영향으로 볼 수 있다. 최근 일본에서는 메일 주소나 인터넷의 URL에 까지 어조맞추기가 나타나고 있다.

(笹原宏之著『訓読みのはなし』による)

5. 다음 한자의 부수를 예에서 찾아 기호로 답하세요.

> 例
>
> ア. 白(しろ)　　イ. 灬(れっか)　　ウ. 刂(りっとう)　　エ. 冫(にすい)
> オ. 穴(あなかんむり)

　　1) 煮(삶을 자)　　(　　　)

　　2) 剤(약지을 제)　　(　　　)

　　3) 的(과녁 적)　　(　　　)

　　4) 准(승인할 준)　　(　　　)

　　5) 窒(막을 질)　　(　　　)

6. 다음 한어의 구성이 예의 ア～オ 중에 어느 것에 해당하는 지 하나를 골라 기호로 답하세요.

> 例
> ア. 同じような意味の漢字を重ねたもの(岩石)
> イ. 反対または対応の意味を表す字を重ねたもの(高低)
> ウ. 前の字が後ろの字を修飾しているもの(洋画)
> エ. 後ろの字が前の字の目的語・補語になっているもの(着席)
> オ. 前の字が後ろの字の意味を打ち消しているもの(非常)

1) 尊崇そんすう　　（　　　　）

2) 懲悪ちょうあく　　（　　　　）

3) 存廃そんぱい　　（　　　　）

4) 直轄ちょっかつ　　（　　　　）

5) 災禍さいか　　（　　　　）

7. 다음 괄호 안에 두 글자 한어를 넣어 사자성어 한어를 완성시키세요.

1) 支離(　　　　) [筋道が立たず滅茶苦茶なこと]

2) (　　　　)未聞 [今まで聞いたことがない事象]

3) 自由(　　　　) [思うままにふるまうこと]

4) (　　　　)暮四 [目先の差異や利害にとらわれること]

5) 終始(　　　　) [初めから終わりまで主義や態度が変わらない]

8. 다음 문에는 동일한 일본한자음이지만 틀리게 사용된 한자가 한 자 있습니다.
   왼쪽 괄호에는 잘못 사용된 한자를, 오른쪽 괄호에는 올바른 한자를 써 넣으세요.

1) 市では展覧会や講演会など、多才な催し物を企画している。(　　　)(　　　)

2) 未発掘の遺籍から石棺が出土した。(　　　)(　　　)

3) 大型台風が日本列島を従断した。(　　　)(　　　)

4) 合成着色料など食品点加物の削減を目指す。(　　　)(　　　)

5) やせた土条に養分を施した結果、収穫量の増加に成功した。(　　　)(　　　)

▌일본 상용한자 2136자중 한국어 초성자음 [ㅈ]이 들어가는 한자음

1. 일본 상용한자 중 한국어 초성자음 [ㅈ]이 들어가는 한자음의 1음절째는 받침의 유무를 막론하고 대부분 サ行 또는 ザ行으로 발음된다. タ行 또는 ダ行으로 발음 되는 한자도 있는데 이 경우는 본래 한국어 초성자음이 [ㄷ]이었던 것이 구개음화 현상으로 인하여 [ㅈ]으로 바뀐 것으로 예외라고는 볼 수 없는 경우이다. 粘(끈끈 할 점)자가 ナ行으로 읽히는 경우가 있는데 이것은 예외적이다.

2. 일본 상용한자 중 한국어 초성자음 [ㅈ]이 들어가고 받침이 있는 한자음은 일본어 로는 대부분 2음절로 발음된다. 그러나 種(씨 종), 腫(부스럼 종)자는 しゅ의 1음절 로 발음된다. 또한 作(지을 작)자가 サ의 1음절로 발음될 때와 質(바탕 질)자가 チ의 1음절로 발음될 때가 있는데 이것은 예외적이다.

3. 한국어의 받침에 대한 일본어 2음절째의 발음을 정리하면 아래의 표와 같다.

받침	발음	예외
ㄱ	ク 일부 キ	
ㄴ	ン	
ㄹ	ツ 또는 チ	切(끊을 절) 예 一切(イッサイ) 일절
ㅁ	ン	
ㅂ	ウ 또는 ツ	
ㅇ	ウ 또는 イ	

제12과

한국어 초성자음 [ㅊ]이 들어가는 상용한자

─○ Ⅰ. 학습목표

이 과에서는 일본 상용한자 2136자 중 한국어 초성자음 [ㅊ]이 들어가는 한자를 대상으로 한자의 음독, 훈독연습을 비롯해 다양한 문제를 풀어본다. 또한 일본 상용한자에 제시된 훈을 단어학습을 통해 세밀하게 학습한다.

이렇게 함으로써 일본 상용한자에 익숙해 짐과 동시에 일본에서 실시하는 공인일본한자능력검정시험 대비도 할 수 있도록 한다.

─○ Ⅱ. 한자음독강의

일본 상용한자 중 한국어 초성자음 [ㅊ]이 들어가는 한자음을 한국과 일본의 한자음의 대응관계를 통해 학습한다.

● 일본 상용한자 중 한국어 초성자음 [ㅊ]이 들어가고 받침이 없는 한자음

차	サ	差(어긋날)
	ジ/シ	次(다음)
		예 次元(ジゲン) 차원 / 次第(シダイ) 순서. 경위
	シャ	車(차), 遮(막을)

	シャク	借(빌릴)
채	サイ	彩(채색), 採(캘), 菜(나물), 債(빚), 采(캘)
처	サイ	妻(아내)
	セイ	凄(쓸쓸할)
	ショ	処(處)(곳)
체	タイ	替(바꿀), 逮(미칠), 滞(滯)(막힐)
	テイ	締(맺을), 逓(遞)(갈마들), 諦(체념할)
	タイ/テイ	体(體)(몸)

예 体格(タイカク) 체격 / 体裁(テイサイ) 체제

초	サク	酢(초)
	ショ	初(처음)
	ショウ	抄(베낄), 招(부를), 焦(그을릴), 硝(초석), 礁(암초), 肖(닮을)
	ソ	礎(주춧돌)
	ソウ	草(풀)
	チョウ	超(넘을)
	ビョウ	秒(시간단위)
최	サイ	催(재촉할), 最(가장)
추	シュウ	秋(가을), 醜(더러울)
	スイ	推(밀), 錘(저울추)
	スウ	枢(樞)(지도리)
	チュウ	抽(뽑을)
	ツイ	墜(떨어질), 追(따를), 椎(몽치)
취	シュ	取(취할), 趣(재미)
	シュウ	就(나아갈), 臭(臭)(냄새)

	スイ	吹(불), 炊(불땔), 醉(醉)(술취할)
치	シ	歯(齒)(이)
	チ/ジ	治(다스릴)
		예 治安(チアン) 치안 / 政治(セイジ) 정치
	チ	値(값), 恥(부끄러울), 稚(어릴), 置(둘), 痴(어리석을), 致(이를), 緻(밸)

정리

---

1. 일본 상용한자 중 한국어 초성자음 [ㅊ]이 들어가고 받침이 없는 한자음의 1음절째는 대부분이 サ行이고 가끔씩 ザ行으로 나타난다. タ行으로 발음되는 한자도 적지 않은데 이 경우는 본래 한국어 초성자음이 [ㅌ]이었던 것이 구개음화 현상으로 인하여 [ㅊ]으로 바뀐 것으로 예외라고는 볼 수 없다.
2. 秒(시간단위 초)자를 バ行으로 발음하는 것은 예외이다.

● **일본 상용한자 중 한국어 초성자음 [ㅊ]이 들어가고 받침이 [ㄱ]인 한자음**

	サク	搾(짤), 錯(섞일)
착	ソク	捉(잡을)
	チャク/ジャク	着(입을)
		예 着陸(チャクリク) 착륙 / 愛着(アイジャク) 애착(노인어). アイチャク라고도 함
책	サク	策(꽤), 柵(울타리)
	サツ/サク	冊(책)
		예 別冊(ベッサツ) 별책 / 冊立(サクリツ) 책립, 책봉
	セキ	責(꾸짖을)
척	シャク	尺(자)
	セキ	斥(물리칠), 隻(외짝), 戚(친척), 脊(등골뼈)
	チョク	捗(나갈)

촉	ショク	觸(觸)(닿을), 囑(囑)(부탁할)
	ソク	促(재촉할)
축	ジク	軸(굴대)
	シュク	縮(오그라들)
	シュウ	蹴(찰)
	シュク/シュウ	祝(祝)(빌)

예 祝賀(シュクガ) 축하／祝儀(シュウギ) 축하 의식. 축하의 말. 축의금. 정표

	チク	畜(가축), 築(쌓을), 蓄(쌓을), 逐(쫓을)
측	ソク	側(곁), 測(잴)
칙	ソク	則(법)
	チョク	勅(敕)(조서)

정리 ────────────────────────────────

1. 일본 상용한자 중 한국어 초성자음 [ㅊ]이 들어가고 받침이 ㄱ인 한자음의 1음절째는 대부분 サ行이고 일부 ザ行이다. タ行으로 발음되는 한자도 있는데 이 경우는 본래 한국어 초성자음이 [ㅌ]이었던 것이 구개음화 현상으로 인하여 [ㅊ]으로 바뀐 것으로 예외라고는 볼 수 없다.

2. 일본 상용한자 중 한국어 초성자음 [ㅊ]이 들어가고 받침이 ㄱ인 한자음은 일본어로는 2음절로 발음되고 2음절째는 대부분 ク가 오고 가끔씩 キ가 온다. 蹴(찰 축), 祝(祝)(빌 축)자를 シュウ로, 冊(책 책)자를 サツ로 발음하는 경우가 있는데 이것은 예외적이다.

────────────────────────────────

● 일본 상용한자 중 한국어 초성자음 [ㅊ]이 들어가고 받침이 ㄴ인 한자음

찬	サン	賛(贊)(도울)
천	セン	千(천), 川(내), 泉(샘), 薦(천거할), 遷(옮길), 浅(淺)(얕을), 践(踐)(밟을)

	テン	天(하늘)
촌	スン	寸(마디)
	ソン	村(마을)
춘	シュン	春(봄)
친	シン	親(친할)

1. 일본 상용한자 중 한국어 초성자음 [ㅊ]이 들어가고 받침이 ㄴ인 한자음의 1음절째는 サ行이다. 天(하늘 천)자와 같이 タ行으로 발음되는 한자도 있는데 이 경우는 본래 한국어 초성자음이 [ㅌ]이었던 것이 구개음화 현상으로 인하여 [ㅊ]으로 바뀐 것으로 예외라고는 볼 수 없다.

2. 일본 상용한자 중 한국어 초성자음 [ㅊ]이 들어가고 받침이 ㄴ인 한자음은 일본어로는 2음절로 발음되고 2음절째는 ン으로 발음된다.

● 일본 상용한자 중 한국어 초성자음 [ㅊ]이 들어가고 받침이 ㄹ인 한자음

찰	サツ	察(살필), 擦(비빌), 札(패), 刹(절), 拶(다그칠)
철	テツ	哲(밝을), 徹(뚫을), 撤(거둘), 鉄(鐵)(쇠)
	トツ	凸(볼록할)
촬	サツ	撮(취할)
출	シュツ/スイ	出(날)
		[예] 出現(シュツゲン) 출현 / 出納(スイトウ) 출납
칠	シチ	七(일곱)
	シツ	漆(옻)

1. 일본 상용한자 중 한국어 초성자음 [ㅊ]이 들어가고 받침이 ㄹ인 한자음의 1음절째는 サ行이다. タ行으로 발음되는 한자도 있는데 이 경우는 본래 한국어 초성자음이

[ㅌ]이었던 것이 구개음화 현상으로 인하여 [ㅊ]으로 바뀐 것으로 예외라고는 볼 수 없다.

2. 일본 상용한자 중 한국어 초성자음 [ㅊ]이 들어가고 받침이 ㄹ인 한자음은 일본어로 2음절로 발음되고 2음절째는 대부분 ツ로 발음된다. 七(일곱 칠)자만이 チ로 발음된다. 또한 出(날 출)자는 2음절째가 イ로 발음될 때가 있는데 이것은 예외적이다.

● 일본 상용한자 중 한국어 초성자음 [ㅊ]이 들어가고 받침이 ㅁ인 한자음

| 참 | サン/シン | 参(參)(참여할) |

　　　　　　　㈎ 参加(サンカ) 참가 / 参差(シンシ) 뒤섞여 가지런하지 못한 모양

| | サン/ザン | 惨(慘)(참혹할) |

　　　　　　　㈎ 惨劇(サンゲキ) 참극 / 惨死(ザンシ) 참사

	ザン	斬(베일)
첨	テン	添(더할)
침	シン	侵(침노할), 浸(적실), 針(바늘), 寝(寢)(잠잘)
	チン	沈(잠길)

정리

1. 일본 상용한자 중 한국어 초성자음 [ㅊ]이 들어가고 받침이 ㅁ인 한자음의 1음절째는 サ行과 ザ行이다. タ行으로 발음되는 한자도 있는데 이 경우는 본래 한국어 초성자음이 [ㅌ]이었던 것이 구개음화 현상으로 인하여 [ㅊ]으로 바뀐 것으로 예외라고는 볼 수 없다.

2. 일본 상용한자 중 한국어 초성자음 [ㅊ]이 들어가고 받침이 ㅁ인 한자음은 일본어로는 2음절로 발음되고 2음절째는 ン으로 발음된다.

● 일본 상용한자 중 한국어 초성자음 [ㅊ]이 들어가고 받침이 ㅂ인 한자음

| 첩 | ジョウ | 畳(疊)(겹쳐질) |
| | チョウ | 貼(붙을) |

1. 일본 상용한자 중 한국어 초성자음 [ㅊ]이 들어가고 받침이 ㅂ인 疊(疊)(겹쳐질 첩) 자의 한자음의 1음절째는 ザ行이다. 貼(붙을 첩)자는 タ行으로 발음되는데 이 경우 는 본래 한국어 초성자음이 [ㅌ]이었던 것이 구개음화 현상으로 인하여 [ㅊ]으로 바 뀐 것으로 예외라고는 볼 수 없다.

2. 일본 상용한자 중 한국어 초성자음 [ㅊ]이 들어가고 받침이 ㅂ인 한자음은 일본어로 는 2음절로 발음되고 2음절째는 ウ로 발음된다.

● 일본 상용한자 중 한국어 초성자음 [ㅊ]이 들어가고 받침이 ㅇ인 한자음

창 ショウ 唱(노래할), 彰(밝을)

ソウ 倉(곳집), 創(비로소), 窓(창문)

チョウ 脹(배부를)

청 セイ 晴(갤)

セイ/シン 請(청할)

㈜ 請求(セイキュウ) 청구 / 普請(フシン) 건축·토목 공사(본래 불교에서 널리
시주를 청하여 불당이나 탑을 건축·수선하는 일)

セイ/ショウ 清(맑을), 青(푸를)

㈜ 清潔(セイケツ) 청결 / 六根清浄(ロッコンショウジョウ) 육근청정. 불교
용어로 육근에서 생긴 혼돈을 과감히 끊고 청결한 몸이 되는 것
青銅(セイドウ) 청동 / 緑青(ロクショウ) 녹청

チョウ 庁(聽)(관청), 聴(聽)(들을)

총 ジュウ 銃(총)

ソウ 総(總)(거느릴)

충 ジュウ 充(가득할)

ショウ 衝(찌를)

チュウ 忠(충성), 沖(바다), 衷(속마음), 虫(蟲)(벌레)

| 층 | ソウ | 層(層)(층) |
| 칭 | ショウ | 称(稱)(칭할) |

정리

1. 일본 상용한자 중 한국어 초성자음 [ㅊ]이 들어가고 받침이 ㅇ인 한자음의 1음절째
는 サ行과 ザ行이다. タ行으로 발음되는 한자도 있는데 이 경우는 본래 한국어 초성
자음이 [ㅌ]이었던 것이 구개음화 현상으로 인하여 [ㅊ]으로 바뀐 것으로 예외라고는
볼 수 없다.

2. 일본 상용한자 중 한국어 초성자음 [ㅊ]이 들어가고 받침이 ㅇ인 한자음은 일본어로
는 2음절로 발음되고 2음절째는 대부분 ウ 또는 イ로 발음된다. 請(청할 청)자가 シ
ン으로 발음되는 것은 唐音으로 일반적인 吳音 또는 漢音이 아니다.

Ⅲ. 동자이음한자(同字異音漢字)

次元(ジゲン) 차원 ‖ 次第(シダイ) 순서. 경위

体格(タイカク) 체격 ‖ 体裁(テイサイ) 체제

治安(チアン) 치안 ‖ 政治(セイジ) 정치

着陸(チャクリク) 착륙 ‖ 愛着(アイジャク) 애착(노인어). アイチャク라고도 함

別冊(ベッサツ) 별책 ‖ 冊立(サクリツ) 책립, 책봉

祝賀(シュクガ) 축하 ‖ 祝儀(シュウギ) 축하의식. 축하의 말. 축의금. 정표

出現(シュツゲン) 출현 ‖ 出納(スイトウ) 출납

参加(サンカ) 참가 ‖ 参差(シンシ) 뒤섞여 가지런하지 못한 모양

惨劇(サンゲキ) 참극 ‖ 惨死(ザンシ) 참사

請求(セイキュウ) 청구 ‖ 普請(フシン) 건축·토목 공사(본래 불교에서 널리 시주를 청하여
불당이나 탑을 건축·수선하는 일)

清潔(セイケツ) 청결 ∥ 六根清浄(ロッコンショウジョウ) 육근청정. 불교용어로 육근에서 생긴 혼돈을 과감히 끊고 청결한 몸이 되는 것

青銅(セイドウ) 청동 ∥ 緑青(ロクショウ) 녹청

Ⅳ. 단어학습

差す	さす	가리다. 내밀다	遮る	さえぎる	차단하다
借りる	かりる	빌리다	彩る	いろどる	채색하다
採る	とる	캐다	滞る	とどこおる	막히다
締る	しまる	단단히 죄이다. 긴장하다	諦める	あきらめる	체념하다
招く	まねく	초대하다	焦げる	こげる	타다
礎	いしずえ	주춧돌	超える	こえる	넘다
催す	もよおす	개최하다	愁える	うれえる	슬픔에 잠기다
醜い	みにくい	추하다	推す	おす	밀다
追う	おう	쫓다	趣	おもむき	정취
就く	つく	들다. 취임하다	吹く	ふく	불다
炊く	たく	밥을 짓다	酔う	よう	술취하다
治める	おさめる	다스리다	値	あたい	값
恥じる	はじる	부끄러워하다	致す	いたす	이르다
搾る	しぼる	짜다	責める	せめる	꾸짖다
触れる	ふれる	닿다	促す	うながす	촉구하다
捉える	とらえる	잡다. 파악하다	縮む	ちぢむ	오그라들다
蹴る	ける	차다	祝う	いわう	빌다. 축하하다

築く	きずく	쌓다	蓄える	たくわえる	저장하다
測る	はかる	재다	薦める	すすめる	추천하다
浅い	あさい	얕다	親しい	したしい	친하다
擦る	する	비비다	札	ふだ	표. 팻말. 부적
撮る	とる	찍다	漆	うるし	옻. 옻나무
惨めだ	みじめだ	참혹하다	添える	そえる	더하다
侵す	おかす	침범하다	浸す	ひたす	담그다
針	はり	바늘	沈む	しずむ	잠기다
畳む	たたむ	접다. 걷어치우다	畳み	たたみ	다다미. 얇은 깔개
貼る	はる	붙이다	倉	くら	곳간
唱える	となえる	소리내어 읽다. 부르다	晴れる	はれる	개다
請う	こう	청하다. 기원하다	清い	きよい	맑다
充てる	あてる	충당하다. 맡기다	沖	おき	먼 바다

V. 문제

1. 가타카나로 제시된 음과 <u>다르게</u> 읽히는 한자를 고르세요.

1) サイ　　① 彩　② 凄　③ 催　④ 妻

2) サク　　① 借　② 酢　③ 搾　④ 錯

3) シュウ　① 醜　② 愁　③ 趣　④ 臭

4) ショウ　① 礁　② 彰　③ 衝　④ 創

5) シン　　① 親　② 寝　③ 針　④ 沈

6) セン　　① 薦　② 賛　③ 浅　④ 践

7) ソク　　① 嘱　② 側　③ 測　④ 捉

8)	チュウ	① 沖	② 抽	③ 銃	④ 衷
9)	チョウ	① 超	② 聴	③ 秒	④ 脹
10)	テツ	① 鉄	② 凸	③ 哲	④ 撤

2. 가타카나로 제시된 음과 <u>다르게</u> 읽히는 한어를 <u>고르세요</u>.

1)	シュウショク	① 就職	② 愁色	③ 襲職	④ 住職
2)	シントウ	① 浸透	② 親等	③ 新党	④ 陣頭
3)	センコウ	① 践行	② 穿孔	③ 善行	④ 遷幸
4)	ソウテン	① 桑田	② 総点	③ 蒼天	④ 霜天
5)	チクジョウ	① 築城	② 蓄蔵	③ 逐条	④ 竹杖

쉬어가기

「恋人を花に{例える vs. 譬える}」、どっち?

「譬える」が本来の伝統的な書き方。「例える」は近年よく行われる書き方だ。常用漢字表では「例」の訓に「たとえる」を認めているので、「例える」と書くのが標準的のように思われる。しかしこの「例える」は以前はほとんど用いられず、だから今なお抵抗があるという人もいる。国語辞典でも、「例える」の表記を認めないものが少なくない。

(北原保雄編『問題な日本語 その4』による)

---

3. 아래의 밑줄 친 부분의 한어를 어떻게 읽는지 괄호 안에 히라가나로 써 넣으세요.

1) 戦争の<u>惨状</u>は<u>凄絶</u>で、人々の心に深い<u>傷跡</u>を残した。(　　　　　　)

2) 厳しい交渉の末、ようやく平和条約を<u>締結</u>することができた。(　　　　　　)

3) 彼女はデータ分析を<u>緻密</u>に行い、問題点を見つけ出した。(　　　　　　)

4) 大量なデータは、高度なアルゴリズムを用いて<u>逐次</u>分析され、有益な情報が
抽出される。(　　　　　　)

5) <u>凸面鏡</u>とは、球面の外側を反射面として使う球面鏡をいう。(　　　　　　)

6) 彼は窓の外を眺め、<u>沈黙</u>に身を委ねた。(　　　　　　)

7) このポスターは、イベント会場の入口に<u>貼用</u>してください。(　　　　　　)

8) チームの優勝を記念して、選手全員が<u>表彰</u>された。(　　　　　　)

9) 和洋<u>折衷</u>とは、日本風と西洋風の様式を一緒に取り入れることである。(　　　　　)

10) 彼の長年の研究成果は、学界から高く評価され、国際的な<u>称賛</u>を得ている。

(　　　　　　)

4. 아래의 밑줄 친 부분의 한자표기어를 어떻게 읽는지 괄호 안에 히라가나로 써 넣으세요.

1) 仕事が山積みで、進捗が<u>滞</u>っている。(　　　　　)

2) 本校は、建学の精神を<u>礎</u>に、教育改革を進めています。(　　　　　)

3) 来月、社内で親睦会を<u>催す</u>予定だ。(　　　　　)

4) 彼は過去の過ちを深く反省し、今もなお<u>恥</u>じている。(　　　　　)

5) これは豆から油を<u>搾る</u>工程だ。(　　　　　)

6) 会社は、社員のスキルアップを<u>促す</u>ために、研修プログラムを実施している。

(　　　　　　)

7) セーターを洗ったら<u>縮ん</u>でしまった。(　　　　　)

8) 夕陽が西の空にゆっくりと<u>沈ん</u>でいく。(　　　　　)

9) 彼は平和を<u>唱える</u>スピーチを行った。(　　　　　)

10) 部長は余った時間を準備に<u>充てる</u>タイプだ。(　　　　　)

스테가나(捨て仮名)와 무카에가나(迎え仮名)

　예전에는 '호토케(ほとけ)'를 '仏(佛)'뿐만 아니라 '仏ケ'처럼 작은 '케(ケ)'를 오쿠리가나처럼 붙여서 표기하기도 했다. 이것은 '스테가나(捨て仮名)'라고 불리는 수법으로, 오늘날에도 하이쿠(俳句) 등에서 볼 수 있다.여기에는 음독 '부쓰(ブツ)'가 아니라 '호토케(ほとけ)'처럼 훈독한다는 것을 표시한 것이다.

　그리고 '오쿠리(送り:보냄)'의 반대를 '무카에(迎え: 맞이함)'라고 하는 것에서, '무카에가나(迎え仮名)'라는 수법도 있다.예를 들면 'ヤ宿'라고 쓰면 여기에는 'シュク(슈쿠)'가 아니라 'やど(야도)'라는 것을 가리킨다. 역시 하이쿠나 센류 등에서 이런 수법이 사용되었다. '自ら'가 'みずから(미즈카라)', 'おのずから(오노즈카라)'인지 알기 어렵기 때문에 '自'의 오른쪽 위에 'オ・お(오)'나 'ミ・み(미)'를 표기하는 것도 예전에는 있었다. 지금은 사라졌지만 확실하고 편리한 수법이라고 할 수 있다.

(笹原宏之著『訓読みのはなし』による)

5. 다음 한자의 부수를 예에서 찾아 기호로 답하세요.

> 例
>
> ア. 見(みる)　　イ. 土(つち)　　ウ. 彡(さんづくり)　　エ. 口(くち)
>
> オ. 田(た)

　1) 彩(채색 채)　　(　　　　)

　2) 墜(떨어질 추)　　(　　　　)

　3) 親(친할 친)　　(　　　　)

　4) 晢(밝을 철)　　(　　　　)

　5) 畳(겹쳐질 첩)　　(　　　　)

6. 다음 한어의 구성이 예의 ア~オ 중에 어느 것에 해당하는 지 하나를 골라 기호로 답하세요.

> 例 ─
> ア. 同じような意味の漢字を重ねたもの(岩石)
> イ. 反対または対応の意味を表す字を重ねたもの(高低)
> ウ. 前の字が後ろの字を修飾しているもの(洋画)
> エ. 後ろの字が前の字の目的語・補語になっているもの(着席)
> オ. 前の字が後ろの字の意味を打ち消しているもの(非常)

1) 鉄鎖てっさ   (   )

2) 徹兵てっぺい   (   )

3) 超越ちょうえつ (   )

4) 添削てんさく   (   )

5) 着地ちゃくち   (   )

7. 다음 괄호 안에 두 글자 한어를 넣어 사자성어 한어를 완성시키세요.

1) 清廉(   ) [精神や行動が清く正しい]

2) (   )泰平 [世の中が穏やかで平和である]

3) 取捨(   ) [必要なものを取り、不必要なものを捨てる]

4) (   )徹尾 [最初から最後までずっと]

5) 天地(   ) [天地のすべての神々]

8. 다음 문에는 동일한 일본한자음이지만 틀리게 사용된 한자가 한 자 있습니다.
   왼쪽 괄호에는 잘못 사용된 한자를, 오른쪽 괄호에는 올바른 한자를 써 넣으세요.

1) 環境に優しい循環型社会の構蓄を目指している。(   ) (   )

2) 経営難で大企業の参下に入ったが、社風の違いになかなか慣れない。(   ) (   )

3) 指揮者を迎えて演創会を開く。(   ) (   )

4) 借入金の返債の期限が迫る。(   ) (   )

5) 晩秋の清聴な空気の中、湖面に映える紅葉が一層鮮やかだ。(   ) (   )

▌일본 상용한자 2136자중 한국어 초성자음 [ㅊ]이 들어가는 한자음

1. 일본 상용한자 중 한국어 초성자음 [ㅊ]이 들어가는 한자음의 1음절째는 받침의 유무를 막론하고 대부분 サ行 가끔씩 ザ行으로 발음된다. タ行으로 발음되는 한자도 있는데 이 경우는 본래 한국어 초성자음이 [ㅌ]이었던 것이 구개음화 현상으로 인하여 [ㅊ]으로 바뀐 것으로 예외라고는 볼 수 없다.

2. 秒(시간단위 초)자를 ビョウ의 バ行으로 발음하는 것은 예외이다.

3. 일본 상용한자 중 한국어 초성자음 [ㅊ]이 들어가고 받침이 들어가는 한자음은 일본어로는 2음절로 발음된다.

4. 한국어의 받침에 대한 일본어 2음절째의 발음을 정리하면 아래의 표와 같다.

받침	발음	예외
ㄱ	ク 가끔씩 キ	シュウ 蹴(찰 축) 예 一蹴(イッシュウ) 일축 シュウ 祝(祝)(빌 축) 예 祝儀(シュウギ) 축하의식. 축하의 말. 축의금. 정표
ㄴ	ン	
ㄹ	ツ 가끔씩 チ	スイ 出(날 출) 예 出納(スイトウ) 출납
ㅁ	ン	
ㅂ	ウ	
ㅇ	ウ 또는 イ	シン 請(청할 청) 예 普請(フシン) 건축·토목 공사(본래 불교에서 널리 시주를 청하여 불당이나 탑을 건축·수선하는 일)

상용한자표의 부표

Ⅰ. 학습목표

이 과에서는 일본 상용한자표의 부표를 이용하여 다양한 문제를 풀어본다. 이렇게 함으로써 일본 상용한자표의 부표에 익숙해 짐과 동시에 일본에서 실시하는 공인일본한자능력검정 시험 대비도 할 수 있도록 한다.

Ⅱ. 단어학습

明日	あす	내일	小豆	あずき	팥
海女	あま	해녀	硫黄	いおう	유황
意気地	いくじ	고집. 기개			
一言居士	いちげんこじ	일언거사. 무슨 일에나 말참견 않고는 못 배기는 사람			
田舎	いなか	시골	息吹	いぶき	숨. 생기
海原	うなばら	창해	乳母	うば	유모
浮気	うわき	바람기	浮つく	うわつく	들뜨다
笑顔	えがお	웃는 얼굴	叔父	おじ	숙부

大人	おとな	어른	乙女	おとめ	처녀
大人	おとな	어른	乙女	おとめ	처녀
お巡りさん	おまわりさん	순경	お神酒	おみき	제주
母屋	おもや	몸채. 안채			
神楽	かぐら	신에게 제사지낼 때 연주하는 무악			
河岸	かし	하안. 어시장	鍛冶	かじ	대장장이
風邪	かぜ	감기	固唾	かたず	마른 침
仮名	かな	가나	蚊帳	かや	모기장
為替	かわせ	환율. 환어음	川原	かわら	강가의 모래밭
昨日	きのう	어제	今日	きょう	오늘
果物	くだもの	과일	玄人	くろうと	전문가
今朝	けさ	오늘 아침	景色	けしき	경치
心地	ここち	기분. 마음	今年	ことし	금년
早乙女	さおとめ	모내기하는 처녀	雑魚	ざこ	잡어. 송사리
桟敷	さじき	판자를 깔아서 높게 만든 관람석			
差し支える	さしつかえる	지장이 있다	皐月	さつき	음력 5월
早苗	さなえ	볏모	五月雨	さみだれ	음력 5월경에 오는 장마
時雨	しぐれ	한 차례 지나가는 비	尻尾	しっぽ	꼬리
竹刀	しない	죽도	老舗	しにせ	노포
芝生	しばふ	잔디	清水	しみず	맑은 물
三味線	しゃみせん	샤미센〔일본 고유 현악기〕			
砂利	じゃり	자갈			
数珠	じゅず	염주	上手だ	じょうずだ	잘하다. 능숙하다

‖ 下手だ	へただ	못하다. 서투르다	白髮	しらが	흰머리
‖ 素人	しろうと	초심자. 아마추어	師走	しわす	(음력)12월
‖ 数奇屋	すきや	다실	‖ 相撲	すもう	스모(일본 씨름)
‖ 草履	ぞうり	일본 짚신			
‖ 山車	だし	축제 때 끌고 다니는 장식한 수레			
‖ 太刀	たち	허리에 차는 칼	‖ 立ち退く	たちのく	물러나다
‖ 七夕	たなばた	칠월칠석	‖ 足袋	たび	일본식 버선
‖ 稚児	ちご	축제 때 때때옷을 입고 참가하는 어린이			
‖ 一日	ついたち	일 일	‖ 築山	つきやま	석가산
‖ 梅雨	つゆ	장마	‖ 凸凹	でこぼこ	요철. 울퉁불퉁
‖ 手伝う	てつだう	돕다	‖ 伝馬船	てんません	짐나르는 거룻배
‖ 投網	とあみ	투망	‖ 十重二十重	とえはたえ	이중삼중. 겹겹
‖ 読経	どきょう	독경	‖ 時計	とけい	시계
‖ 仲人	なこうど	중매쟁이	‖ 名残	なごり	자취. 추억
‖ 雪崩	なだれ	눈사태	‖ 野良	のら	들
‖ 祝詞	のりと	신주가 신 앞에 고하여 비는 고대어의 문장			
‖ 博士	はかせ	박사	‖ 二十歳	はたち	스무살
‖ 二十日	はつか	20일	‖ 波止場	はとば	선창. 부두
‖ 日和	ひより	좋은 날씨. 형편	‖ 吹雪	ふぶき	눈보라
‖ 部屋	へや	방	‖ 迷子	まいご	미아
‖ 真面目だ	まじめだ	성실하다	‖ 真っ赤だ	まっかだ	새빨갛다
‖ 真っ青だ	まっさおだ	새파랗다	‖ 土産	みやげ	토산품. 선물

息子	むすこ	아들	眼鏡	めがね	안경
猛者	もさ	맹자. 수완가	紅葉	もみじ	단풍
木綿	もめん	무명. 솜	最寄	もより	가장 가까움. 근처
八百長	やおちょう	미리 짜고서 하는 엉터리 승부			
八百屋	やおや	야채가게. 야채장수	大和	やまと	일본의 옛이름
弥生	やよい	음력 3월	浴衣	ゆかた	여름 철에 입는 무명 홑옷
行方	ゆくえ	행방			
寄席	よせ	사람을 모아 돈을 받고 재담, 만담, 야담 등을 들려주는 대중적 연회장			
若人	わこうど	젊은이			

Ⅲ. 상용한자표에 있는 부표의 한자표기어 문제

일본 상용한자표에는 상용한자표에서 지정한 음이나 훈으로는 읽기 어려운 2자 이상의 한자표기어를 116단어 지정해 부표로 두고 있다. 이 과에서는 이 부표를 중심으로 문제풀이 형식으로 학습해 가기로 한다.

1. 다음의 한자표기어를 바르게 읽은 것을 고르시오.

1) 小豆   ① あずき   ② しょうとう

2) 意気地   ① いきち   ② いくじ

3) 河岸   ① かわがん   ② かし

4) 心地   ① ここち   ② ここじ

5) 桟敷   ① せんしき   ② さじき

6) 竹刀   ① たけとう   ② しない

7) 数珠   ① じゅず   ② すうじゅ

8) 山車	① だし	② たし
9) 足袋	① たび	② あしぶくろ
10) 梅雨	① うめあめ	② つゆ
11) 投網	① とうあみ	② とあみ
12) 笑顔	① えみ	② えがお
13) 雪崩	① なだれ	② くずれ
14) 波止場	① はとば	② はとじょう
15) 猛者	① もさ	② もうしゃ
16) 土産	① みやげ	② つちさん
17) 乳母	① まま	② うば
18) 母屋	① ははや	② おもや
19) 時雨	① しぐれ	② さみだれ
20) 田舎	① いなか	② たはた

쉬어가기

「文学部に{席 vs. 籍}を置く」、どっち?

　組織などに一員として所属するという意味の成句。組織に位置を占めるという意で「席を置く」と書いてしまいそうだが、「籍を置く」が正しい。「籍」は、所属する人などを登録した文書。その登録から外れることを「除籍」という。

(北原保雄編『問題な日本語 その4』による)

---

2. 다음 밑줄 친 부분을 상용한자표 부표를 이용해서 히라가나로 쓰시오.

1) 昔は、村に鍛冶屋がいた。(　　　　　　　　)

2) リスは木の上で尻尾をピンと立てている。(　　　　　　　)

3) 老舗ならではの洗練された空間で、特別なひとときを過ごす。(　　　　　　　)

4) 試合の結果が気になって、固唾を呑みながらテレビを見ている。(　　　　　　　)

5) 自然素材で作られた数寄屋は、温もりを感じさせる。(　　　　　　　)

6) 陰暦3月を<u>弥生</u>という。(　　　　　　)

7) 彼女は仕事に<u>真面目</u>に取り組んでいる。(　　　　　　)

8) <u>祝詞</u>とは、神をまつり、神に祈るときに唱える古い文体の文章である。(　　　　　)

9) <u>若人</u>たちの情熱が、未来を切り開く。(　　　　　)

10) <u>仲人</u>は、二人の絆を深める重要な役割を担っている。(　　　　　)

3. 다음 한자표기어를 상용한자표 부표를 이용하여 히라가나로 쓰시오.

1) 玄人　　　(　　　　　　)

2) 乙女　　　(　　　　　　)

3) 浴衣　　　(　　　　　　)

4) 雑魚　　　(　　　　　　)

5) 凸凹　　　(　　　　　　)

6) 名残　　　(　　　　　　)

7) 木綿　　　(　　　　　　)

8) 息吹　　　(　　　　　　)

9) 芝生　　　(　　　　　　)

10) 為替　　　(　　　　　　)

11) 海女　　　(　　　　　　)

12) 神楽　　　(　　　　　　)

13) お神酒　　(　　　　　　)

14) 吹雪　　　(　　　　　　)

15) 日和　　　(　　　　　　)

16) 果物　　　(　　　　　　)

17) 早苗　　　(　　　　　　)

18) 蚊帳　　　(　　　　　　)

19) 大和　　　(　　　　　　)

20) 一言居士　(　　　　　　)

인명에 사용되는 한자에는 시대에 따른 유행이 있다. 예전에는 예를 들어 '子'에 'こ(코)', '彦'에 'ひこ(히코)', '良'에 'よし(요시)', '亘'에 'わたる(와타루)' 등이 각 글자의 훈독에서 인명으로 다수 전용되었다.

한편으로 인명에는 예로부터 독특한 훈독이 사용되기도 하였다. 예를 들어 '德'에 'のり(노리)', '孝'에 'たかし(다카시)', '之'에 'ゆき(유키)'등은 인명에서는 일반적으로 쓰이지만 훈독으로는 일반화되지 못했다. 헤이안 시대 때부터 일본어사전에는 이들 한자를 모아둔 항목이 있었으며, 후에 이것만으로도 한 권의 책이 될 정도로 예로부터 주목받으며 깊이 인식되어 왔다. 이들 글자의 대부분은 한문 서적의 문장을 읽으면서 사용된 훈독이나 한자 사전 등에 나타난 글자의 의미를 이용한 것이다.이와 같이 이름에 사용되는 한자의 습관적 읽기를 '나노리쿤(名乗り訓)'이라 부르며, 이 때 쓰인 한자를 '나노리지(名乗り字)'라고 부른다.

이러한 전통적인 '나노리쿤'까지 포함시키면 하나의 한자에 여러가지 읽는 법이 공존하게 된다. 예를 들어 '和'라는 글자에는 'かず(가즈)'를 비롯하여 'あきら(아키라)' 'かなう(가나우)' 'しずか(시즈카)' 'すなお(스나오)' 'たかし(다카시)' 'ただし(다다시)' 'ちか(지카)' 'とし(도시)' 'なごみ(나고미)' 'のどか(노도카)' 'はじめ(하지메)' 'はる(하루)' 'ひさ(히사)' 'ひとし(히토시)' 'ひろし(히로시)' 'まさし(마사시)' 'むつむ(무츠무)' 'やすし(야스시)' 'やわら(야와라)' 'ゆたか(유타카)' 'よし(요시)' 'わたる(와타루)'등 인명으로 확인되는 것만 수 십 가지에 달하는 읽기가 있다.그 중 일본인의 이름에 가장 많은 것으로 알려진 '和子'등의'가즈'는 에도시대의 국학자 모토오리 노리나가(本居宣長)도 그 읽기의 이유를 추측하였는데 아직까지 확실치 않다. '大漢和辞典'에는 '数(かず)'라는 의미로 나오는데 여기서 생겨났을 가능성도 있다.

(笹原宏之著『訓読みのはなし』에 의함)

4. 다음 히라가나 표기에 맞는 한자표기어를 아래의 예에서 찾아 기호로 답하시오.

例

ア. 八百長　イ. 五月雨　ウ. 伝馬船　エ. 海原　オ. 七夕　カ. 稚児

キ. 白髪　ク. 寄席　ケ. 砂利　コ. 早乙女　サ. 相撲　シ. 硫黄　ス. 八百屋

セ.景色　ソ.築山　タ. 浮気　チ. 風邪　ツ. 師走　テ. 清水　ト. 最寄

1) さおとめ　　　（　　　　　）

2) てんません　　（　　　　　）

3) しらが　　　　（　　　　　）

4) ちご　　　　　（　　　　　）

5) やおちょう　　（　　　　　）

6) よせ　　　　　（　　　　　）

7) さみだれ　　　（　　　　　）

8) たなばた　　　（　　　　　）

9) じゃり　　　　（　　　　　）

10) うなばら　　　（　　　　　）

11) いおう　　　　（　　　　　）

12) うわき　　　　（　　　　　）

13) けしき　　　　（　　　　　）

14) かぜ　　　　　（　　　　　）

15) しみず　　　　（　　　　　）

16) しわす　　　　（　　　　　）

17) すもう　　　　（　　　　　）

18) つきやま　　　（　　　　　）

19) もより　　　　（　　　　　）

20) やおや　　　　（　　　　　）

▮ 상용한자표의 부표에 등장하는 한자표기어는 상용한자표에서 설정한 음훈으로는 정확하게 읽을 수 없기 때문에 단어를 통해서 익힐 필요가 있다. 그 특징을 정리해 보면 다음과 같다.

① 한자표기어의 한자가 상용한자표에서 설정한 음훈과 무관한 경우

   [예] 田舎：いなか、竹刀：しない、山車：だし、太刀：たち …

② 한자표기어의 한자가 상용한자표에서 설정한 음훈과 일부분 일치하는 경우

   [예] 蚊帳：かや、果物：くだもの、清水：しみず、白髪：しらが …

문제 정답

제1과 한국어 초성자음 [ㄱ]이 들어가고 받침이 없는 상용한자

V. 문제

1. 1) ②
   2) ④
   3) ①
   4) ④
   5) ①
   6) ③
   7) ③
   8) ②
   9) ④
   10) ①

2. 1) ③ 해설 カイジョウ 開場 : 개장　塊状 : 괴상. 덩어리진 모양　階乗 : 계승
   　　　　　　ガイジョウ 街上 : 가상. 길거리

   2) ④ 해설 カガク 科学 : 과학　歌学 : 和歌에 관한 학문
   　　　　　　　　家学 : 가학. 한 집안에 대대로 전하는 학문
   　　　　　　カカク 価格 : 가격

   3) ④ 해설 キコウ 機構 : 기구　気候 : 기후　寄稿 : 기고
   　　　　　　ギコウ 技巧 : 기교

   4) ① 해설 クチョウ 口調 : 어조　区長 : 구청장　句調 : 문장의 음조
   　　　　　　グチュウ 愚衷 : 우충. 자기마음(성의)의 겸사말

   5) ③ 해설 コウショウ 交渉 : 교섭　考証 : 고증　口承 : 구승
   　　　　　　ゴウショウ 豪商 : 호상. 대상인

3. 1) くぎょう 해석 그는 목표 달성을 위해 밤낮없이 노력하며 고행의 나날을 보냈다.
   2) きどう 해석 인공위성은 지구 주위를 일정한 궤도로 돌고 있다.
   3) かしょう 해석 이 도서관의 장서는 적어서, 찾는 책을 찾기 어려운 경우가 많다.

4) こくそ　　　해석 고소를 취소하고 싶은데, 어떻게 해야 할까요?
5) きひ　　　　해석 그는 사람 많은 곳을 기피하는 경향이 있다.
6) けいこ　　　해석 다도 연습은 마음을 차분하게 한다.
7) きょうせい　해석 그는 치아가 고르지 못해서 교정 치료를 받고 있다.
8) きしゅ　　　해석 개회식에서 우리 학교의 기수를 맡게 되었다.
9) きかん　　　해석 슈바이처 박사는 의사의 귀감이라고 할 만한 인물이다.
10) けいもう　　해석 루소는 18세기 프랑스의 계몽사상가이다.

4. 1) つぶす　　　해석 이것은 자주적 발전의 싹을 없애는 것이 되지 않을 수 없다.
2) うえて　　　해석 발전도상국에서는 많은 사람들이 식량이 부족하여 굶주리고 있다.
3) ちぎった　　해석 그는 시험에 합격하면 여자친구와 여행가기로 약속했다.
4) やとう　　　해석 회사는 새로운 사원을 고용할 예정이다.
5) こばむ　　　해석 다나카 씨는 거래처의 요구를 거절할 작정이다.
6) かれ　　　　해석 올 해 여름은 너무 더워서 뜰의 꽃이 모두 시들어 버릴 것 같다.
7) くわだてて　해석 적은 우리 성을 함락시키려고 기도하고 있다.
8) ほこり　　　해석 우리들은 이 프로젝트의 성공을 프라이드로 생각하고 있다.
9) みぞ　　　　해석 밭에는 물이 고이는 것을 막기 위해 도랑이 파여 있다.
10) いましめる　해석 아이에게 위험한 놀이를 하지 않도록 주의를 준다.

5. 1) イ
2) ウ
3) エ
4) オ
5) ア

6. 1) ア（媒も介も「なかだちをする」という意味）
2) イ（起は「おきる」、伏は「ふせる」）
3) ウ（棋は「将棋・碁」、譜は「記録」）
4) エ（権利をすてて使わないこと）
5) イ（あやぶみおそれること）

7. 1) 心機　　해설 心機一転（しんきいってん）：気持ちがすっかり変わること
2) 金科　　해설 金科玉条（きんかぎょくじょう）：非常に大切な法律・規律
3) 割拠　　해설 群雄割拠（ぐんゆうかっきょ）：英雄たちが対立すること
4) 栄枯　　해설 栄枯盛衰（えいこせいすい）：栄えることと衰えること
5) 開放　　해설 門戸開放（もんこかいほう）：制限をなくし自由に出入りすること

8. 1) 果 過　　해석 칼로리의 과잉섭취는 좋지 않다.
2) 苦 駆　　해석 최첨단의 기술을 구사해서 극장이 건설되었다.
3) 価 貨　　해석 유로는 구주연합가맹국의 통화다.
4) 基 規　　해석 지구규모의 환경파괴가 진행되고 있다.
5) 校 稿　　해석 원고용지의 칸을 하나씩 하나씩 메워 간다.

V. 문제

1. 1) ②
   2) ④
   3) ③
   4) ③
   5) ①
   6) ④
   7) ③
   8) ②
   9) ④
   10) ①

2. 1) ④   [해설] カクシ 各誌 : 각 잡지   客思 : 여행지에서의 생각, 여정   核子 : 핵자
           ガクシ 楽士 : 악사
   2) ①   [해설] カンシ 監視 : 감시   冠詞 : 관사   干支 : 간지
           カンジ 幹事 : 간사
   3) ③   [해설] ケンシ 検視 : 검시   絹糸 : 견사   剣士 : 검사(한문투), 검객
           ゲンシ 原始 : 원시
   4) ③   [해설] コウドウ 公道 : 공도, 떳떳하고 바른 길   講堂 : 강당   坑道 : 갱도
           コウトウ 高騰 : 고등
   5) ③   [해설] コンジョウ 根性 : 근성   懇情 : 간정, 친절한 마음   今生 : 금생, 이생
           ゴンジョウ 言上 : 여쭘, 말씀을 올림

3. 1) かくご   [해석] 각오를 다지고 다시 한번 도전해 보세요.
   2) かくり   [해석] 정부는 감염자 격리 정책을 실시했다.
   3) こくふく   [해석] 과거의 실패로부터 배우고 극복함으로써 성장을 이룬다.
   4) かんけつ   [해석] 기무라 씨로부터의 메일은 꽤나 짧고 간결했다.
   5) やっかん   [해석] 각종 약관의 다운로드는 이쪽에서 부탁 드립니다.
   6) きょうかつ   [해석] 최근 SNS를 이용한 공갈 사건이 끊이지 않고 있다.
   7) いかん   [해석] 귀하의 바람을 들어드릴 수 없어 마음으로부터 안타깝게 생각합니다.
   8) かいきゅう   [해석] 계급 사회에서는 상하 관계가 엄격하게 지켜진다.
   9) こうてつ   [해석] 강철로 만든 문은 방범 대책으로 최적이다.
   10) こうじょ   [해석] 이 금액에서 수수료를 공제해 주세요.

4. 1) ほす   [해석] 바닷가에서 생선을 말리는 풍경은 어딘가 정겹다.
   2) すこやかに   [해석] 이 단체는 누구나가 평생 안심하고 건강하게 지낼 수 있는 모델이 되는 마을 조성의 실현을 목표로 하고 있다.
   3) つらぬき   [해석] 그는 흔들리지 않는 신념을 가지고 끝까지 노력하여 결국 목표를 달성했다.
   4) こぶし   [해석] 그는 주먹을 쳐들고 승리를 맹세했다.
   5) つつしんで   [해석] 삼가 고인의 명복을 빕니다.
   6) くくって   [해석] 크게 묶어 말하면, 이 문제는 세 가지 요소로 나눌 수 있다.

7) たえて　　　　[해석] 고통을 참고 끝까지 해냈다.
8) えり　　　　　[해석] 그는 실수를 저지른 후, 마음을 가다듬고 일에 임했다.
9) くじら　　　　[해석] 이 박물관에는 고래의 생태나 포경에 관한 학습·교육자료 등이 전시되어 있다.
10) きそう　　　 [해석] 무우의 형태나 크기, 잎의 색, 균형 등을 겨루는 품평회가 신주쿠 백화점에서 열렸다.

5. 1) イ
   2) ウ
   3) エ
   4) オ
   5) ア

6. 1) ア（緊も迫も「さしせまる」という意味）
   2) イ（屈は「かがむ」、伸は「のばす」）
   3) エ（「降りる＋壇から」と解釈する）
   4) ウ（傑は「すぐれる」で、「すぐれた作品」）
   5) イ（寛は「ゆるやか」、厳は「きびしい」）

7. 1) 権謀　　　　[해석] 権謀術数（けんぼうじゅっすう）：人をあざむくためのはかりごと
   2) 堅忍　　　　[해석] 堅忍不抜（けんにんふばつ）：がまん強く心を動かさないこと
   3) 馬食　　　　[해석] 鯨飲馬食（げいいんばしょく）：一度にたくさん飲み食いする
   4) 感慨　　　　[해석] 感慨無量（かんがいむりょう）：この上なくしみじみと感じること
   5) 禍福　　　　[해석] 吉凶禍福（きっきょうかふく）：幸いとわざわい

8. 1) 給 及　　　[해석] 체지방률을 체크할 수 있는 체중계가 일반가정에도 보급되기 시작했다.
   2) 簡 乾　　　[해석] 건조에 강한 식물을 사막에 심는다.
   3) 管 関　　　[해석] 공공교통기관에서의 매너를 지킨다.
   4) 恐 凶　　　[해석] 손에 지니고 있던 화병이 흉기가 되었다.
   5) 敬 警　　　[해석] 극단적인 다이어트에 경종을 울린다.

제3과　한국어 초성자음 [ㅇ]이 들어가는 상용한자

V. 문제

1. 1) ③
   2) ②
   3) ②
   4) ①
   5) ②
   6) ④
   7) ④
   8) ④

9) ①
10) ③

2. 1) ③　　　[해설] イギ 異議: 이의　　意義: 의의　　威儀: 위의
　　　　　　　　キキ 危機: 위기

　　2) ④　　　[해설] エイイ 営為: 영위　　栄位: 영광스러운 지위　　鋭意: 예의
　　　　　　　　エイシ 英詩: 영국 시

　　3) ①　　　[해설] ゲンカ 厳科: 엄한 벌　　減価: 감가　　言下: 일언지하
　　　　　　　　ケンカ 喧嘩 싸움

　　4) ①　　　[해설] ヨウリョウ 要領: 요령　　容量: 용량　　養料: 영양에 도움이 되는 재료
　　　　　　　　ヨウリュウ 楊柳: 버드나무

　　5) ②　　　[해설] ヨクジョウ 欲情: 욕정　　浴場: 목욕탕　　翼状: 편 날개 모양
　　　　　　　　ヨクシュウ 翌週: 다음 주

3. 1) ゆうが　　　[해석] 달빛에 비춰진 호수면은 우아한 곡선을 그려내고 있었다.
　　2) あいまい　　[해석] 그는 애매한 말로 책임을 회피하려고 한다.
　　3) さんけい　　[해석] 벚꽃 시즌에는 많은 관광객들이 꽃 구경과 동시에 신사에 참배한다.
　　4) おくそく　　[해석] 이 사건의 진상은 추측을 불러일으킬 뿐이다.
　　5) くつじょく　[해석] 그는 어렸을 때 받은 굴욕을 쭉 마음속 깊이 품고 있었다.
　　6) ねんしょう　[해석] 완전 연소하면 유해 물질은 거의 발생하지 않는다.
　　7) はいえつ　　[해석] 대사는 국왕을 알현하기 위해 궁전을 방문했다.
　　8) ようえん　　[해석] 매혹적인 눈으로 나를 바라보는 그녀에게 나는 마음을 빼앗겼다.
　　9) ごうきゅう　[해석] 딸은 사랑하는 아버지의 시신에 매달려 통곡했다.
　　10) どじょう　　[해석] 토양의 산성화가 진행되면 식물의 생육이 저해된다.

4. 1) はぐくむ　　　[해석] 이 학교는 학생들의 자주성을 기르는 교육을 하고 있다.
　　2) あたたまる　　[해석] 햇볕이 잘 드는 곳에서 몸이 서서히 따뜻해지는 것이 기분 좋다.
　　3) かなめ　　　　[해석] 그는 이 프로젝트의 핵심 인물이다.
　　4) なえて　　　　[해석] 물을 주는 것을 잊어서 꽃이 시들어 버렸다.
　　5) いさんで　　　[해석] 그는 어려움에 용감하게 맞섰다.
　　6) ゆるい　　　　[해석] 남동생은 집에 돌아오면 느슨한 실내복으로 갈아입고 편안히 지낸다.
　　7) しのんで　　　[해석] 그들은 어려움을 참고 목표를 향해 나아갔다.
　　8) まかせる　　　[해석] 전력을 다했기 때문에 다음은 운을 하늘에 맡길 뿐이다.
　　9) かもし　　　　[해석] 그의 미소는 주위를 밝게 만드는 따뜻한 분위기를 자아낸다.
　　10) いとなむ　　　[해석] 나는 정년 후 찻집을 경영할 생각이다.

5. 1) イ
　　2) ウ
　　3) エ
　　4) オ
　　5) ア

6. 1) ア（擬も似も「にている」という意味）

2) エ（「握る＋手を」と解釈する）

3) ウ（逸は「すぐれる」で、「すぐれた品物」）

4) イ（栄は「ほまれ」、辱は「はずかしめ」）

5) イ（安は「安全」、危は「危険」）

7. 1) 我田　　　[해설] 我田引水（がでんいんすい）：自分の利益になるように話したり行動する

　 2) 意味　　　[해설] 意味深長（いみしんちょう）：意味が非常に深く含みがあること

　 3) 一致　　　[해설] 言行一致（げんこういっち）：言葉と行動が同じこと

　 4) 呉越　　　[해설] 呉越同舟（ごえつどうしゅう）：仲の悪い者が同じ所にいること

　 5) 無二　　　[해설] 唯一無二（ゆいいつむに）：ただそれ一つだけであること

8. 1) 弱 若　　　[해석] 의사로부터 병 증세에 대한 설명을 들었는데 약간 의문이 생겼다.

　 2) 喩 癒　　　[해석] 회사의 동료는 예상외로 빨리 쾌유해서 어제 퇴원했다.

　 3) 悦 閲　　　[해석] 그 자료는 책장에서 자유롭게 빼서 열람할 수 있다.

　 4) 偉 遺　　　[해석] 매장문화재사무소가 화재가 나 귀중한 유물이 불에 탔다.

　 5) 映 影　　　[해석] 연어가 산란하는 순간을 촬영한다.

제4과　한국어 초성자음 [ㅋ]과 [ㅎ]이 들어가는 상용한자

V. 문제

1. 1) ②

　 2) ②

　 3) ③

　 4) ④

　 5) ①

　 6) ④

　 7) ④

　 8) ①

　 9) ④

　 10) ①

2. 1) ②　　　[해설] カイホウ 快報：쾌보　　解放：해방　　懷抱：회포
　　　　　　　　　　　カイボウ 解剖：해부

　 2) ③　　　[해설] カキ 夏季：하계　　花器：화기　　下記：하기
　　　　　　　　　　　ガギ 画技：화기. 그림 그리는 기법

　 3) ④　　　[해설] キョウカン 郷関：향관. 고향　　凶漢：흉한. 악한　　峡間：협간. 골짜기
　　　　　　　　　　　ギョウカン 行管：행정관리청의 준말

　 4) ①　　　[해설] ゲンカン 玄関：현관　　現官：현관. 현재의 관직　　厳寒：엄한
　　　　　　　　　　　ケンカン 顕官：현관. 고관

　 5) ④　　　[해설] コウソウ 抗争：항쟁　　後送：후송　　皇宗：天皇의 역대 선조
　　　　　　　　　　　コウソ 酵素：효소

3. 1) しゅくが 　[해석] 이번 프로젝트의 성공을 축하하는 축하회가 개최됩니다.
   2) がいとう 　[해석] 해당하는 자료는 모두 제출되었습니다.
   3) こりつ 　[해석] 그녀는 벽에 둘러싸인 것처럼 고립된 생활을 하고 있다.
   4) しゅうわい 　[해석] 재판에서는 뇌물 수수의 증거가 속속들이 나왔다.
   5) ぎゃくたい 　[해석] 아동학대는 아동의 인권을 현저하게 침해한다.
   6) れいこん 　[해석] 이 그림에는 작가의 영혼이 깃든 것 같다.
   7) かんかつ 　[해석] 재판의 관할은 사건이 발생한 장소에 따라 결정된다.
   8) がんゆう 　[해석] 이 토양은 많은 유기물을 함유하고 있어 식물의 생육에 적합하다.
   9) かいきょう 　[해석] 이 해협은 조류가 빨라 항해가 위험하다.
   10) こうぎ 　[해석] 환경보호 단체는 공장의 배수로 인한 수질 오염에 항의하고 있다.

4. 1) くちる 　[해석] 꿈은 결코 사라지는 것이 아니다.
   2) たずさわる 　[해석] 그는 회사 경영에 참여하는 한편 취미인 음악활동도 하고 있다.
   3) わずらい 　[해석] 그는 교통사고로 중상을 입어 장기 입원 중이다.
   4) せばめる 　[해석] 이 문제를 해결하기 위해 선택지를 좁힐 필요가 있다.
   5) しいたげる 　[해석] 동물을 학대하는 것은 용납될 수 없는 행위다.
   6) つめる 　[해석] 어머니는 지진에 대비해서 비상봉투에 물과 식료품을 채워 넣는다.
   7) ひびく 　[해석] 종소리가 멀리까지 울려 퍼진다.
   8) すって 　[해석] 그는 빨대를 이용해 주스를 마시고 있었다.
   9) あわてて 　[해석] 지진이 일어나서 모두들 허둥대며 집에서 뛰쳐나왔다.
   10) おこす 　[해석] 나는 부모로부터 독립해서 새롭게 회사를 세울 작정이다.

5. 1) イ
   2) ウ
   3) エ
   4) オ
   5) ア

6. 1) ウ （「輪の形になったさんご礁」の意味）
   2) エ （「懐（おもう）＋疑いを」と解釈する）
   3) イ （興は「さかんになる」、廃は「ほろびる」）
   4) エ （「懸ける＋賞金（品）を」と解釈する）
   5) ア （陥も没も「おちこむ」という意味）

7. 1) 哀楽 　[해설] 喜怒哀楽（きどあいらく）：人間の様々な感情のこと
   2) 和衷 　[해설] 和衷協同（わちゅうきょうどう）：心を一つにして協力すること
   3) 連衡 　[해설] 合従連衡（がっしょうれんこう）：利害を考えて団結したり離れたりする
   4) 興味 　[해설] 興味津津（きょうみしんしん）：非常に関心があること
   5) 風月 　[해설] 花鳥風月（かちょうふうげつ）：自然の風景や風物の美しさ

8. 1) 穫 獲 　[해석] 노력의 결과, 우승트로피를 획득했다.
   2) 航 抗 　[해석] 편식하지 않고 저항력을 몸에 지닌다.
   3) 環 還 　[해석] 우주선은 삼일간 비행을 끝내고 무사귀환했다.

4) 喚 換　[해석] 태양열 구동의 전파시계는 전지교환도 불필요해서 호평이다.

5) 向 香　[해석] 삼림욕으로 수목의 방향을 만끽한다.

V. 문제

1. 1) ③
   2) ①
   3) ②
   4) ①
   5) ③
   6) ③
   7) ④
   8) ④
   9) ②
   10) ④

2. 1) ②　[해설] タイイ 大意 : 대의　退位 : 퇴위　胎位 : 태위
      ダイイ 代位 : 대위. 다른 사람을 대신해서 그 지위에 오름
   2) ①　[해설] ダイチ 大地 : 대지　台地 : 대지. 주위보다 높은 평지
      代置 : 대치. 대신으로 둠
      タイチ 対置 : 대치. 대조적인 위치에 둠
   3) ②　[해설] タンコウ 炭鉱 탄광　単行 단행　淡紅 엷은 홍색
      ダンコウ 断交 단교
   4) ④　[해설] トウガイ 当該 해당　凍害 동해. 추위로 인한 농작물의 피해　等外 등외
      トウカイ 倒壊 도괴. 무너짐
   5) ②　[해설] トクシン 得心 납득함　特進 특진　篤信 독신. 신앙이 두터움
      ドクシン 独身 독신

3. 1) たいぐう　[해석] 새로운 직업은 대우가 좋고, 일할 보람도 있다.
   2) ちょうば　[해석] 도마대를 박차고 나서는 순간, 그는 하늘을 나는 새와 같았다.
   3) とくしか　[해석] 그녀는 빈곤층 지원활동에 열심인 독지가이다.
   4) たんこう　[해석] 그는 역경을 이겨내며 강철 같은 강한 정신력을 키웠다.
   5) どんかん　[해석] 사회의 움직임에 둔감한 학자는 시대에 뒤떨어진 사람이 된다.
   6) だっかん　[해석] 훌륭한 승리로 영광을 탈환했다.
   7) だんわ　[해석] 총리의 기자회견은 중요한 담화였다.
   8) とうじょう　[해석] 비행기에 탑승하기 전에 여권을 확인합시다.
   9) とうぶん　[해석] 다이어트 중이라서 당분 섭취를 줄이고 있다.
   10) とうらく　[해석] 원유 가격의 등락은 세계 경제에 큰 영향을 미친다.

4. 1) いたむ　[해석] 그의 갑작스러운 부고를 접하고, 깊이 슬퍼하며 유족분들께 진심으로 위로의 말씀을 드립니다.

2) おこたる 　[해석] 공부를 게을리 하면 시험에 합격할 수 없다.
3) しりぞける 　[해석] 적을 물리치기 위해 용감하게 싸웠다.
4) すかして 　[해석] 종이에 빛을 비춰 글자를 읽어보자.
5) にごって 　[해석] 강물이 공장 폐수로 탁해졌다.
6) なげく 　[해석] 자신의 경우를 한탄만 해서는 아무 것도 바뀌지 않는다.
7) になう 　[해석] 그녀는 후계자로서 회사의 미래를 책임진다.
8) むさぼる 　[해석] 소년은 나온 밥을 탐하듯이 먹었다.
9) ふむ 　[해석] 참가한 사람 중에 20년만에 고국 땅을 밟는 사람도 있었다.
10) こごえる 　[해석] 겨울 아침, 창문 유리에 서리가 내리고 방 안도 얼어붙을 듯 춥다.

5. 1) イ
   2) ウ
   3) エ
   4) オ
   5) ア

6. 1) ア （堕も落も「おちる」という意味）
   2) エ （「退去する＋寮を」と解釈する）
   3) ウ （「母親の腹の中にいる子」という意味）
   4) イ （断は「たちきる」、続は「つづく」）
   5) エ （「盗む＋次の塁を」と解釈する）

7. 1) 満満 　[해설] 闘志満満（とうしまんまん）：戦う意志がみなぎること
   2) 大慈 　[해설] 大慈大悲（だいじだいひ）：かぎりなく大きく広いいつくしむ心
   3) 随一 　[해설] 当代随一（とうだいずいいち）：現代で最もきわだっていること
   4) 泰然 　[해설] 泰然自若（たいぜんじじゃく）：少しも動じないこと
   5) 西走 　[해설] 東奔西走（とうほんせいそう）：四方八方忙しく走り回ること

8. 1) 帯滞 　[해석] 대학에서의 연구성과는 정체된 경제의 활성화에 도움이 될 것 같다.
   2) 投闘 　[해석] 오랜기간의 투병생활을 여지없이 하게 되었다.
   3) 途渡 　[해석] 해외에의 도항비용을 필사적으로 모은다.
   4) 端丹 　[해석] 용구의 점검을 공들여 행했다.
   5) 奪脱 　[해석] 극도의 탈수증상으로 레이스를 기권했다.

[제6과]　한국어 초성자음 [ㄴ]과 [ㄹ]이 들어가는 상용한자

V. 문제

1. 1) ④
   2) ①
   3) ③
   4) ②
   5) ①

6) ③
7) ④
8) ②
9) ①
10) ②

2. 1) ③ 　[해설] ノウエン 脳炎 : 뇌염　　濃艶 : 농염. 요염하고 아름다움　　農園 : 농원
　　　　　　　 ロウエン 狼煙 : 낭연. 봉화
　 2) ④ 　[해설] ランセイ 濫製 : 난제. 제 멋대로 만듦　　乱世 : 난세　　卵生 : 난생
　　　　　　　 レンセイ 錬成 : 연성. 단련하여 훌륭하게 만듦
　 3) ④ 　[해설] リョウカン 猟官 : 엽관　　量感 : 양감. 볼륨　　僚艦 : 요함. 자기 편의 군함
　　　　　　　 リョウガン 両岸 : 양안. 강의 양쪽 기슭
　 4) ① 　[해설] レイカ 冷夏 : 냉하　　零下 : 영하　　霊化 : 영화. 영적인 것으로 됨
　　　　　　　 ライカ 雷火 : 낙뢰에 의한 화재
　 5) ② 　[해설] ロウショウ 労相 노동부 장관　　老将 노장　　朗唱 낭송
　　　　　　　 ロウジョウ 楼上 망루 위

3. 1) にんたい 　[해석] 그의 인내 덕분에 팀은 위기를 극복할 수 있었다.
　 2) ほりょ 　[해석] 2차 세계대전 중, 많은 병사들이 포로가 되었다.
　 3) るいけい 　[해석] 이 이벤트의 방문객 수는 3일 동안 총 10만 명을 넘어섰다.
　 4) いんとく 　[해석] 이 사무소에는 상속재산은닉에 관한 고민을 가지고 있는 사람이 자주 온다.
　 5) りんり 　[해석] 이 프로젝트는 윤리적인 관점에서도 신중하게 검토해야 한다.
　 6) れっとう 　[해석] 프레젠테이션을 잘하는 동료를 보고 열등감을 느꼈다.
　 7) ねんざ 　[해석] 배구 연습 중에 손가락을 삐끗해 버렸다.
　 8) りょうし 　[해석] 사냥꾼의 손에 걸리면 어떤 짐승도 도망칠 수 없다.
　 9) れいきゃく 　[해석] 최근 자연환경을 이용한 냉각방식이 주목 받고 있다.
　 10) ちょうろう 　[해석] 그녀는 그의 실패를 조롱하며 그의 마음을 깊이 상하게 했다.

4. 1) うるわしく 　[해석] 보름달이 밤하늘에 아름답게 빛나고 있다.
　 2) はげむ 　[해석] 자금이 안정되어 안심하고 장사에 전념할 수가 있었다.
　 3) もれる 　[해석] 기업 비밀이 외부에 새어 나가는 것은 큰 손실로 이어진다.
　 4) ふもと 　[해석] 석양에 물든 산기슭은 마치 그림 같았다.
　 5) みだれる 　[해석] 경제위기로 나라의 질서가 어지럽다.
　 6) さける 　[해석] 벼락으로 나무가 크게 쪼개지는 광경을 목격했다.
　 7) のぞむ 　[해석] 그는 재판에 임함에 있어서 서류를 정리한다.
　 8) おさめる 　[해석] 지금이 세금을 세무서에 납입하는 시기다.
　 9) みささぎ 　[해석] 황거 근처에는 많은 황족의 능이 있다.
　 10) はき 　[해석] 체육 시간에는 운동화로 갈아 신습니다.

5. 1) イ
　 2) ウ
　 3) エ
　 4) オ
　 5) ア

6. 1) エ (「耐える＋乏しさに」と解釈する)
   2) ア (露も顕も「あらわれる」という意味)
   3) ウ (「自動車・電車などによる災難」)
   4) エ (「離れる＋暗礁を」と解釈する)
   5) イ (任は「任命する」、免は「免職させる」)

7. 1) 内憂　　[해설] 内憂外患(ないゆうがいかん)：内部にも外部にも問題が多いこと
   2) 流水　　[해설] 落花流水(らっかりゅうすい)：男女が互いに慕い合うこと
   3) 美俗　　[해설] 良風美俗(りょうふうびぞく)：良く美しい風習
   4) 飽食　　[해설] 暖衣飽食(だんいほうしょく)：生活になんの不自由もないこと
   5) 竜頭　　[해설] 竜頭蛇尾(りゅうとうだび)：始めは盛んだが終わりは振るわない

8. 1) 療療　　[해석] 국회에서 의료비 삭감 법안이 가결되었다.
   2) 冷麗　　[해석] 필자의 예리한 통찰과 유려한 말솜씨가 독자를 질리지 않게 한다.
   3) 錬連　　[해석] 소설 연재가 중지가 된다.
   4) 狼労　　[해석] 이것은 오랜 기간에 걸쳐 써낸 노작이다.
   5) 歴暦　　[해석] 명치시대가 되어서 태양력이 채용되었다.

제7과 한국어 초성자음 [ㅁ]이 들어가는 상용한자

V. 문제

1. 1) ②
   2) ④
   3) ③
   4) ①
   5) ④
   6) ①
   7) ③
   8) ②
   9) ③
   10) ③

2. 1) ②　　[해설] ボウケン：冒険 모험　　望見：망견. 먼 데서 바라봄　　剖検：부검
              ボウゲン 妄言：망언
   2) ④　　[해설] ボシ 母子：모자　　墓誌：묘지. 망자의 사적 등을 비석에 적는 문
                  暮歯：노령. 만년
              ホジ 保持：계속 유지함
   3) ④　　[해설] ミカン 未完：미완　　蜜柑：밀감　　味感：미감
              ビカン 美観：미관
   4) ③　　[해설] メイキ 銘記：명기. 명심　　明記：명기. 똑똑히 씀　　名器：명기
              ベイキ 米機：미기. 미국 항공기

5) ①   [해설] モンチュウ 門柱: 문기둥

                                        問注: 원고와 피고를 취조해서 그 진술한 바를 기록하는 것

                                        門中: 오키나와에서 동족의 결합체를 말함

                  モンチョウ 紋帳: 여러가지 문양을 모은 책자

3. 1) まもう   [해석] 이 타이어는 마모가 심해서 교체해야 합니다.
 2) むじゅん   [해석] 중국경제의 모순이 드러나기 시작하고 있다.
 3) びょうしゃ   [해석] 이 그림은 노을진 풍경을 아름답게 묘사하고 있다.
 4) びみょう   [해석] 오늘 날씨는 애매해서 비가 올지도 모른다.
 5) こまく   [해석] 고막이 터지면 일시적으로 들리지 않게 된다.
 6) ぼくちく   [해석] 몽골에서는 유목민들이 목축을 하면서 생활하고 있다.
 7) まんせい   [해석] 이 지역은 만성적인 물 부족에 시달리고 있다.
 8) けいべつ   [해석] 그의 오만한 태도는 주위 사람들로부터 경멸받고 있다.
 9) もうら   [해석] 이 사전은 모든 게임용어를 망라한 것이다.
 10) もうこう   [해석] 마지막 1분에 상대팀은 맹공을 퍼부었다.

4. 1) みがいて   [해석] 그는 매일 피아노를 치며 연주 기술을 갈고 닦고 있다.
 2) あなどる   [해석] 젊은이를 무시하는 듯한 발언은 결코 용납될 수 없다.
 3) しげり   [해석] 강둑에는 갈대가 무성하여 새들의 지저귐이 들렸다.
 4) だまる   [해석] 아내는 화가 나면 말을 안 하는 습관이 있다.
 5) まぬかれる   [해석] 그는 책임을 회피하기 위해 거짓말을 했다.
 6) ほろびる   [해석] 핵전쟁이 일어나면 지구는 멸망할 것이다.
 7) さげすむ   [해석] 선배를 깔보는 듯한 언행은 삼가야 한다.
 8) あかるむ   [해석] 미래가 밝아질 조짐이 보이기 시작했다.
 9) なき   [해석] 해질녘 까마귀가 울면서 날아 간다.
 10) わすれる   [해석] 팀은 결속을 잊어버리면 지는 법이다.

5. 1) イ
 2) ウ
 3) エ
 4) オ
 5) ア

6. 1) オ (「未」+「遂」で、「やりとげていない」)
 2) ア (模も擬も「まねる」という意味)
 3) ウ (「媒介となる物体」という意味)
 4) エ (「免れる+税金を」と解釈する)
 5) イ (明は「あかるくなる」、滅は「きえる」)

7. 1) 明鏡   [해설] 明鏡止水(めいきょうしすい): 心にわだかまりや迷いがない。
 2) 文武   [해설] 文武両道(ぶんぶりょうどう): 学問と武芸の両方。
 3) 麗句   [해설] 美辞麗句(びじれいく): 上べだけを飾り立てた美しい言葉。
 4) 三遷   [해설] 孟母三遷(もうぼさんせん): 孟子の母が、孟子に環境の悪い影響がおよぶ

のを避けるため、三度にわたって住居を移した故事。

5) 一致　　　　[해설] 満場一致（まんじょういっち）：会場全体の人の意見が同じ。

8. 1) 墓 募　　　[해설] 사진 콩쿠르의 응모작품을 엄정하게 심사했다.
   2) 味 魅　　　[해석] 전 품목 백엔 가게는 싸고 편리한 상품이 풍부해서 쇼핑객에게는 매력이
   　　　　　　　있다.
   3) 漫 慢　　　[해석] 이것은 무농약 야채를 사용한 어머니가 자랑하는 수제요리다.
   4) 命 銘　　　[해석] 시험에 실패한 굴욕을 마음에 새기고 1년간 공부에 힘썼다.
   5) 網 猛　　　[해석] 이번 여름은 심하게 더울 것이라고 한다.

제8과　**한국어 초성자음 [ㅍ]이 들어가는 상용한자**

V. 문제

1. 1) ④
   2) ②
   3) ③
   4) ③
   5) ①
   6) ③
   7) ③
   8) ④
   9) ②
   10) ①

2. 1) ②　　[해설] ハイショク 敗色：패색　配色：배색　廃職：폐직. 관직을 폐지하는 것
   　　　　　　 バイショク 陪食：배식. 귀인을 모시고 식사함
   2) ③　　[해설] ハイタイ 敗退：패퇴. 싸움에 지고 물러남　廃退：폐퇴. 황폐하여 무너짐
   　　　　　　 胚胎：배태. 새끼를 뱀
   　　　　　　 バイタイ 媒体：매체
   3) ①　　[해설] ヒケン 披見：피견. 서류 따위를 펴 봄　比肩：비견. 견줌　被験：피험
   　　　　　　 ヒゲン 飛言：비언. 근거가 없는 말
   4) ②　　[해설] ヒロウ　疲労：피로　披露：피로. 공표　卑陋：비루. 야비함. 천함
   　　　　　　 ヒリョウ 肥料：비료
   5) ③　　[해설] ヘイコウ 平行：평행　閉講：폐강　並行：병행
   　　　　　　 ヘイゴウ 併合：병합

3. 1) はあく　　[해석] 회의에서 그는 프로젝트의 현 상황을 명확하게 파악하고 있었다.
   2) へいしゃ　[해석] 저희 회사는 고객님께 만족하실 수 있는 제품·서비스 제공을 목표로 하고
   　　　　　　　 있습니다.
   3) ひょうじゅん [해석] 저희 제품은 높은 품질의 표준을 유지하고 있습니다.
   4) ばくはつ　[해석] 공장에서 폭발 사고가 일어나 다수의 부상자가 발생했다.
   5) はんばい　[해석] 경쟁상대인 사원이 역 앞에서 올 해의 신상품을 판매하고 있다.

6) ひつよう 　　[해석] 이 서류는 수속을 진행시키기 위해 필요하다.
7) ひんかく 　　[해석] 이 호텔은 우아하고 차분한 분위기와 높은 품격을 겸비하고 있다.
8) びんぼう 　　[해석] 그는 가난해서 새 옷을 살 수 없다.
9) ぼうちょう 　[해석] 기체는 온도가 올라가면 팽창한다.
10) ほうふ 　　 [해석] 이 학교는 풍부한 커리큘럼을 제공하고 있다.

4. 1) やぶれ 　　 [해석] 예상치 못한 상대에게 져서 충격을 받았다.
   2) すたれる 　 [해석] 이 지역에서는 전통적인 공예품을 만드는 기술이 사라질 것을 우려하고 있다.
   3) とらわれ 　 [해석] 그는 과거의 잘못에 얽매여 쉽게 일어서지 못한다.
   4) あきる 　　 [해석] 나도 한번 질릴 정도로 술을 마시고 싶다.
   5) ただよい 　 [해석] 해변을 산책하다 보면 짭짤한 바닷바람 냄새가 나고 마음이 편안해진다.
   6) こうむる 　 [해석] 본인이 눈치채지 못하는 중에 주위사람이 어려움을 당하는 경우도 있다.
   7) さける 　　 [해석] 그는 스트레스를 피하기 위해 요가를 시작했다.
   8) あばれる 　 [해석] 경찰은 폭도가 거리에서 난동부리는 것을 진압하고 있었다.
   9) たいらげた 　[해석] 대식왕 대회에서 그는 10인분의 음식을 다 먹어치웠다.
   10) あむ 　　　[해석] 선물로 장갑을 짜는 여성을 본 적이 있다.

5. 1) イ
   2) ウ
   3) エ
   4) オ
   5) ア

6. 1) イ （彼は「相手がた」、我は「自分のほう」）
   2) エ （「廃る+刊行を」と解釈する）
   3) ア （披も露も「ひろめる・発表する」）
   4) ウ （「覇者としての権利」という意味）
   5) イ （豊は「豊作」、凶は「凶作」）

7. 1) 絶倒 　　 [해설] 抱腹絶倒(ほうふくぜっとう)：腹をかかえて大笑いする。
   2) 波乱 　　 [해설] 波乱万丈(はらんばんじょう)：物事の変化がきわめて激しいこと。
   3) 平穏 　　 [해설] 平穏無事(へいおんぶじ)：穏やかで何事も起こらないこと。
   4) 一笑 　　 [해설] 破顔一笑(はがんいっしょう)：顔をほろこばせ、にっこり笑う。
   5) 品行 　　 [해설] 品行方正(ひんこうほうせい)：行いや心が正しく、やましい点がないこと。

8. 1) 飽 宝 　　[해석] 간석지는 귀중한 생물의 보고다.
   2) 肺 廃 　　[해석] 시 직원은 산업폐기물 불법투기에 골머리를 앓고있다.
   3) 被 疲 　　[해석] 피로회복에는 가벼운 운동도 효과적이다.
   4) 哺 捕 　　[해석] 야생조수를 포획하는 것은 일반적으로 금지되어 있다.
   5) 暴 冒 　　[해석] 극점을 목표로 한 모험가는 돌아오지 않았다.

V. 문제

1. 1) ③
    2) ②
    3) ④
    4) ③
    5) ③
    6) ①
    7) ④
    8) ②
    9) ①
    10) ④

2. 1) ④ 　[해설] ハイカ 配下 : 부하. 지배를 받는 것　　廃家 : 폐가
    　　　　　　　 排貨 : 어떤 사람·기업 또 어떤 나라의 상품을 배척하여 거래를 않음
    　　　　　　 ハイガ 拝賀 : 삼가 치하함
    2) ① 　[해설] ハンカン 反感 : 반감　　繁簡 : 번간. 번잡함과 간략함
    　　　　　　　 半官 : 반관. 반은 정부가 관여함
    　　　　　　 ハンガン 半眼 : 눈을 반쯤 뜸
    3) ① 　[해설] フクショウ 副賞 : 부상　　復唱 : 복창　　複称 : 복칭. 복잡한 명칭
    　　　　　　 フクシュウ : 復讐 복수
    4) ④ 　[해설] フンセン 奮戦 : 분전　　噴泉 : 솟아나는 샘
    　　　　　　　 紛戦 : 적과 아군이 서로 섞여 싸우는 것
    　　　　　　 フンゼン 憤然 : 분연
    5) ② 　[해설] ビコウ 備考 : 비고　　鼻腔 : 비강　　尾行 : 미행
    　　　　　　 ヒコウ 非行 : 비행

3. 1) はいじょ　 [해석] 이 시스템은 에러를 자동적으로 제거하는 기능을 가지고 있다.
    2) ひひょう　 [해석] 그녀는 그의 그림에 대해 예술적인 관점에서 비평을 했다.
    3) はくがい　 [해석] 역사상 많은 소수 민족이 박해를 받아왔다.
    4) せんぱん　 [해석] 얼마 전 고객으로부터 문의가 있었습니다.
    5) ばっさい　 [해석] 삼림의 벌채는 경제 활동과 환경 보호의 균형을 어떻게 취할 것인가가 과제
    　　　　　　 이다.
    6) もはん　　 [해석] 이 프로젝트는 다른 부서의 모범이 될 것이다.
    7) ぼうがい　 [해석] 데모대는 교통을 방해하여 시민 생활에 큰 영향을 미쳤다.
    8) さいほう　 [해석] 할머니는 바느질을 잘해서 항상 예쁜 옷을 만들어 주신다.
    9) ふはい　　 [해석] 역사상 많은 제국은 내부의 부패로 멸망했다.
    10) ひんぱん　 [해석] 그녀는 최근 몸이 자주 아프다.

4. 1) つちかう　 [해석] 회사는 젊은 사원들의 능력을 키우기 위해 연수 프로그램을 실시하고 있다.
    2) おもむく　 [해석] 전통을 지키면서 미래로 나아간다.
    3) こやす　　 [해석] 그는 지식을 풍부하게 하기 위해 매일 독서를 하고 있다.

4) しばる 　[해석] 산 속이어서 아버지는 상처를 손수건으로 묶는 처치를 했다.
5) わずらう 　[해석] 염원이 이루어진 지금, 마음에 근심이 되는 것은 아무 것도 없다.
6) ひるがえす 　[해석] 바람이 나뭇잎을 뒤집을 때마다 와삭와삭 소리가 난다.
7) まぎれる 　[해석] 아름다운 풍경에 넋을 잃어 시간이 흐르는 것을 잊어버린다.
8) さまだける 　[해석] 그의 진로를 방해하는 것은 아무것도 없다.
9) ふせぐ 　[해석] 병의 감염을 방지하기 위해 손을 씻읍시다.
10) くずれる 　[해석] 기후의 변화로 생태계가 붕괴되는 경우가 많아지고 있다.

5. 1) ウ
　 2) イ
　 3) エ
　 4) オ
　 5) ア

6. 1) エ（「翻す＋決意を」と解釈する）
　 2) ア（凡も庸も「ふつう」という意味）
　 3) ウ（「並べて書き記す」という意味）
　 4) オ（「清浄でない」という意味）
　 5) イ（繁は「いそがしい」、閑は「ひま」）

7. 1) 多岐 　[해설] 複雑多岐（ふくざつたき）：多方面に分かれ入り組んでいる。
　 2) 拍手 　[해설] 拍手喝采（はくしゅかっさい）：手をたたいて、おおいにほめたたえること。
　 3) 妥当 　[해설] 普遍妥当（ふへんだとう）：どんな場合でも真理として認められる。
　 4) 百八 　[해설] 百八煩悩（ひゃくはちぼんのう）：人間が持っている多くの悩み。
　 5) 無人 　[해설] 傍若無人（ぼうじゃくぶじん）：人前にもかかわらず、勝手で無遠慮な振る
　　　　　　　　舞いをすること。

8. 1) 抜伐 　[해석] 아마존지역에서는 광범위에 걸친 열대림 벌채가 계속되고 있다.
　 2) 否秘 　[해석] 피의자가 묵비권을 계속 행사해서 수사의 진전이 없다.
　 3) 賓頻 　[해석] 음주운전 예방을 위해서 휴식을 빈번히 취하기로 했다.
　 4) 迫薄 　[해석] 인간관계가 점점 희박해 지고 있다.
　 5) 伏服 　[해석] 최고봉을 정복했을 때의 고생을 이야기한다.

[제10과] 한국어 초성자음 [ㅅ] [ㅆ]이 들어가는 상용한자

V. 문제

1. 1) ②
　 2) ④
　 3) ④
　 4) ①
　 5) ②
　 6) ③

7) ④

8) ④

9) ③

10) ①

2. 1) ③   [해설] シセイ 姿勢 : 자세   市政 : 시정   至誠 : 지성

                 ジセイ 時勢 : 시세

   2) ④   [해설] シャコウ 社交 : 사교   斜光 : 비스듬히 비치는 빛

                         射幸 : 사행. 요행을 노림

                  シャコ 車庫 : 차고

   3) ②   [해설] ショウカイ 照会 : 조회   商会 : 상회   詳解 : 상세한 해석

                  ジョウカイ 常会 : 정례회의

   4) ④   [해설] スイコウ 遂行 : 수행   推考 : 추측하여 생각함   水耕 : 수경

                  ズイコウ 随行 : 수행

   5) ④   [해설] セイセイ 生成 : 생성   精製 : 정제   整斉 : 정제. 정돈하여 가지런한 모양

                  ゼイセイ 税制 : 세제

3. 1) しさ   [해석] 이 데이터는 수요가 더 증가할 가능성을 시사하고 있다.

   2) こくじ   [해석] 새 법률은 천황이 국새를 찍음으로써 공식적으로 시행된다.

   3) そがい   [해석] 사회에서 소외된 사람들을 지원하기 위한 프로그램이 필요하다.

   4) こつずい   [해석] 골수의 건강 상태는 혈액 생성에 중요한 역할을 한다.

   5) せきはい   [해석] 결승전에서 석패했지만, 선수들은 전력을 다했다.

   6) しゅうぜん   [해석] 이 맨션은 계획적인 수선공사 실시가 불가결하다.

   7) どくぜつ   [해석] 그녀의 독설적인 코멘트는 많은 사람들에게 웃음을 주고 있습니다.

   8) せんさい   [해석] 그 섬세한 디자인의 드레스는 결혼식에 딱 어울립니다.

   9) じゅうたい   [해석] 죄송하지만, 교통체증으로 조금 늦을 것 같습니다.

   10) そうえん   [해석] 노을에 물든 뽕나무 밭은 마치 그림 같았다.

4. 1) そそのかして   [해석] 악의가 있는 인물이 그를 부추겨 거짓증언을 시켰다.

   2) つかえた   [해석] 그는 예술에 평생을 바쳐 예술에 헌신했다.

   3) うったえる   [해석] 그녀는 명예훼손으로 그를 고소할 생각이다.

   4) おとろえる   [해석] 나무는 겨울이 되면 잎을 떨어뜨리고 생명력이 약해진다.

   5) たらす   [해석] 군침을 흘리는 아들의 모습이 보인다.

   6) そこない   [해석] 그는 건강이 나빠져서 직장을 그만둘 수밖에 없었다.

   7) うれて   [해석] 토마토가 아직 익지 않아서, 좀 더 햇볕에 쬐두자.

   8) またたく   [해석] 순식간에 상황이 완전히 바뀌었다.

   9) つぐなう   [해석] 회사는 제품결함에 의한 손해를 전액 보상할 것을 약속했다.

   10) おそう   [해석] 그들은 일가를 계속해서 엄습할 계획을 세우고 있었다.

5. 1) エ

   2) イ

   3) ア

   4) ウ

   5) オ

6. 1) ア（迅も速も「はやい」という意味）
   2) イ（授は「さずける」、受は「うける」）
   3) ウ（「私立の塾」という意味）
   4) エ（「施す+錠を」と解釈する）
   5) オ（「くわしくない・正しくない」という意味）

7. 1) 淑女　　　　[해설] 紳士淑女（しんししゅくじょ）：品格があり、礼儀正しい男女。
   2) 時代　　　　[해설] 時代錯誤（じだいさくご）：時代遅れの考え。
   3) 水明　　　　[해설] 山紫水明（さんしすいめい）：自然の風景の美しいこと。
   4) 率先　　　　[해설] 率先垂範（そっせんすいはん）：先に立って模範を示すこと。
   5) 首尾　　　　[해설] 首尾一貫（しゅびいっかん）：終始、態度や方針が変わらないこと。

8. 1) 視 施　　　[해석] 모금으로 모아진 돈은 민간사회복지시설에 기부된다.
   2) 随 髄　　　[해석] 불상이 갖는 전통미의 진수에 대해서 전문가의 해설을 들었다.
   3) 祥 詳　　　[해석] 생태계의 변화를 상세하게 조사한 보고가 학술지에 개제되었다.
   4) 植 殖　　　[해석] 번식력이 강한 외래종이 생태계를 어지럽힌다.
   5) 暑 署　　　[해석] 기지건설반대운동으로 서명을 모은다.

제11과 한국어 초성자음 [ㅈ]이 들어가는 상용한자

V. 문제

1. 1) ③
   2) ②
   3) ①
   4) ④
   5) ④
   6) ②
   7) ④
   8) ③
   9) ③
   10) ②

2. 1) ④　　　　[해설] サイセイ 再生：재생　済世：제세. 세상을 구제함　祭政：제사와 정치
             ザイセイ 在世：재세. 살아있는 동안
   2) ①　　　　[해설] シュウホウ 週報：주보　州法：주의 법　宗法：종문의 법규
             ジュウホウ 重砲：중포
   3) ②　　　　[해설] ショウジョウ 症状：증상　掌上：손바닥 위　鐘状：종모양
             ショウショウ 将相：장군이나 재상
   4) ③　　　　[해설] シンゲン 震源：진원　進言：진언　箴言：잠언
             シンケン 真剣：진검
   5) ③　　　　[해설] チョウコウ 微候：징후　朝貢：조공　聴講：청강
             チョウゴウ 調号：조표

3. 1) しもん 　　[해석] 정부는 전문가 위원회에 자문을 구하여 정책 방향을 결정했다.
　　2) さいばい 　[해석] 일본에 있어서 차 재배는 꽤 넓은 범위에서 이루어지고 있다.
　　3) ちょうぼう 　[해석] 고층 빌딩 최상층에서는 멋진 조망을 즐길 수 있다.
　　4) ちくせき 　[해석] 고도에는 오랜 역사 속에서 길러진 전통 문화가 축적되어 있다.
　　5) ほてん 　　[해석] 역사의 빈 부분을 채우기 위해 고고학자들은 매일 연구를 계속하고 있다.
　　6) せっとう 　[해석] 경찰은 도주 중인 절도용의자를 체포했다.
　　7) ねんど 　　[해석] 윤활유는 온도가 내려감과 동시에 점도가 높아진다.
　　8) しつよう 　[해석] 목표를 향한 끈질긴 추구가 그를 성공으로 이끌었다.
　　9) ていさつ 　[해석] 미지의 땅을 정찰하듯 그는 새로운 세상으로 발을 내딛었다.
　　10) しっそう 　[해석] 경찰은 그의 실종 이유를 수사하고 있다.

4. 1) はばむ 　　[해석] 그의 앞길을 막는 것은 아무것도 없다.
　　2) とむらう 　[해석] 멀리서 달려와 고인을 추모하는 마음을 표현했다.
　　3) かなでる 　[해석] 현악기가 연주하는 선율은 그의 마음을 흔들었다.
　　4) つつしむ 　[해석] 앞으로는 행동을 조심하도록 노력할 것이다.
　　5) ほうむる 　[해석] 이 슬픔을 마음 속에 깊이 묻어둘 것이다.
　　6) さわる 　　[해석] 이 계획은 회사의 미래에 해를 끼칠 가능성이 있다.
　　7) はれて 　　[해석] 발목을 삐끗해서 발이 부었다.
　　8) ひそむ 　　[해석] 수목에 숨은 해충을 찾아 구제했다.
　　9) よそおい 　[해석] 그는 평정을 가장하면서도 속으로는 동요하고 있었다.
　　10) ととのえる 　[해석] 여동생은 언제나 방을 쾌적하게 정리한다.

5. 1) イ
　　2) ウ
　　3) ア
　　4) エ
　　5) オ

6. 1) ア（尊も崇も「あがめる」）
　　2) エ（「懲らしめる＋悪を」と解釈する）
　　3) イ（存は「のこしておく」、廃は「すてる」）
　　4) ウ（「直接に管轄する」という意味）
　　5) ア（災も禍も「悪いできごと」という意味）

7. 1) 滅裂 　　[해설] 支離滅裂（しりめつれつ）：筋道が立たず滅茶苦茶なこと。
　　2) 前代 　　[해설] 前代未聞（ぜんだいみもん）：今まで聞いたことがない事象。
　　3) 奔放 　　[해설] 自由奔放（じゆうほんぽう）：思うままにふるまうこと。
　　4) 朝三 　　[해설] 朝三暮四（ちょうさんぼし）：目先の差異や利害にとらわれること。
　　5) 一貫 　　[해설] 終始一貫（しゅうしいっかん）：初めから終わりまで主義や態度が変わらない。

8. 1) 才 彩 　　[해석] 시에서는 전람회나 강연회 등 다채로운 행사를 기획하고 있다.
　　2) 籍 跡 　　[해석] 미발굴 유적에서 석관이 출토되었다.
　　3) 従 縦 　　[해석] 대형태풍이 일본열도를 종단했다.

4) 点添　[해석] 합성착색료등 식품첨가물의 삭감을 목표로 한다.

5) 条壌　[해석] 메마른 토양에 양분을 넣은 결과 수확량의 증가에 성공했다.

제12과 한국어 초성자음 [ㅊ]이 들어가는 상용한자

V. 문제

1. 1) ②
   2) ①
   3) ③
   4) ④
   5) ④
   6) ②
   7) ①
   8) ③
   9) ③
   10) ②

2 1) ④　[해설] シュウショク 就職: 취직　愁色: 수심의 빛　襲職: 직무를 이어받음

　　　　　 ジュウショク 住職: 주지

   2) ④　[해설] シントウ 浸透: 침투　親等: 친족관계의 촌수　新党: 신당

　　　　　 ジントウ 陣頭: 진두. 陣頭指揮(じんとうしき)진두지휘

   3) ③　[해설] センコウ 践行: 천행. 실행. 실제로 행함　穿孔: 천공. 구멍을 뚫음

　　　　　　　　　 遷幸: 천행. 天皇이 타처로 옮김

　　　　　 ゼンコウ 善行: 선행.

   4) ①　[해설] ソウテン 総点: 총점　蒼天: 푸른 하늘

　　　　　　　　　 霜天: 상천, 서리가 내리는 겨울 하늘

　　　　　 ソウデン 桑田: 뽕나무 밭

   5) ②　[해설] チクジョウ 築城: 축성　逐条: 조문을 하나하나 순서에 맞게 진행시키는 것

　　　　　　　　　　 竹杖: 대나무 지팡이

　　　　　 チクゾウ 蓄蔵: 모아 둠

3. 1) せいぜつ　[해석] 전쟁의 참상은 너무나 처참하여 사람들의 마음에 깊은 상처를 남겼다.

   2) ていけつ　[해석] 엄격한 교섭 끝에 마침내 평화 조약을 체결할 수 있었다.

   3) ちみつ　[해석] 그녀는 데이터 분석을 치밀하게 진행하여 문제점을 찾아냈다.

   4) ちくじ　[해석] 대량 데이터는 고도의 알고리즘을 이용하여 축차적으로 분석되어 유익한 정보가 추출된다.

   5) とつめんきょう [해석] 볼록거울이라는 것은 구면의 바깥쪽을 반사면으로 해서 사용하는 구면경을 말한다.

   6) ちんもく　[해석] 그는 창 밖을 바라보며 침묵에 몸을 맡겼다.

   7) ちょうよう　[해석] 이 포스터는 이벤트장 입구에 부착해 주십시오.

   8) ひょうしょう　[해석] 팀의 우승을 기념하여 선수 전원이 표창을 받았다.

   9) せっちゅう　[해석] 화양절충이라는 것은 일본풍과 서양풍 양식을 함께 가미시키는 것이다.

   10) しょうさん　[해석] 그의 오랜 연구 성과는 학계에서 높이 평가되어 국제적인 찬사를 얻고 있다.

4　1) とどこおって　[해석] 일이 너무 많아서 진행이 늦어지고 있다.
　　2) いしずえ　[해석] 본교는 건학 정신을 바탕으로 교육 개혁을 추진하고 있습니다.
　　3) もよおす　[해석] 다음 달에 회사 내에서 친목회를 개최할 예정이다.
　　4) はじて　[해석] 그는 과거의 잘못을 깊이 반성하며 지금도 또한 부끄러워하고 있다.
　　5) しぼる　[해석] 이것은 콩에서 기름을 짜는 공정이다.
　　6) うながす　[해석] 회사는 사원들의 역량 강화를 북돋기 위해 연수 프로그램을 실시하고 있다.
　　7) ちぢんで　[해석] 스웨터를 빨았더니 줄어들어 버렸다.
　　8) しずんで　[해석] 석양이 서쪽 하늘에 천천히 저물어 간다.
　　9) となえる　[해석] 그는 평화를 외치는 연설을 했다.
　　10) あてる　[해석] 부장은 남은 시간을 준비에 충당하는 타입이다.

5. 1) ウ
　　2) イ
　　3) ア
　　4) エ
　　5) オ

6. 1) ウ (「鉄の鎖」という意味)
　　2) エ (「撤退する＋兵を」と解釈する)
　　3) ア (超も越も「こえる」という意味)
　　4) イ (添は「そえる」、削は「けずる」)
　　5) エ (「着く＋地面に」と解釈する)

7. 1) 潔白　[해설] 清廉潔白(せいれんけっぱく)：精神や行動が清く正しい。
　　2) 天下　[해설] 天下泰平(てんかたいへい)：世の中が穏やかで平和である。
　　3) 選択　[해설] 取捨選択(しゅしゃせんたく)：必要なものを取り、不必要なものを捨てる。
　　4) 徹頭　[해설] 徹頭徹尾(てっとうてつび)：最初から最後までずっと。
　　5) 神明　[해설] 天地神明(てんちしんめい)：天地のすべての神々。

8. 1) 蓄 築　[해석] 환경에 좋은 순환형 사회 구축을 목표로 하고있다.
　　2) 参 傘　[해석] 경영난으로 대기업 산하에 들어갔지만 사풍의 차이에 좀처럼 익숙해지지 않는다.
　　3) 創 奏　[해석] 지휘자를 맞이하여 연주회를 연다.
　　4) 債 済　[해석] 차입금의 변제 기한이 다가온다.
　　5) 聴 澄　[해석] 만추의 청징한 공기 속에서 호수면에 비치는 단풍이 한층 선명하다.

제13과　상용한자표의 부표

Ⅲ. 상용한자표에 있는 부표의 한자표기어 문제
　1. 1) ①　[해설] 小豆：あずき 팥
　　　2) ②　[해설] 意気地：いくじ 고집. 기개　　意気地なし：패기 없음. 또는 그런 사람
　　　3) ②　[해설] 河岸：かし 배를 대는 물가. 어시장. 장소　　魚河岸(うおがし)：어시장

4) ① 　[해설] 心地：ここち 마음. 기분　心地よい旅：기분 좋은 여행

5) ② 　[해설] 桟敷：さじき 판자를 깔아서 높게 만든 관람석

6) ② 　[해설] 竹刀：しない 죽도

7) ① 　[해설] 数珠：じゅず 염주　数珠(じゅず)をつまぐる：염주를 세어 넘기다

8) ① 　[해설] 山車：だし 축제 때 끌고 다니는 장식한 수레

9) ① 　[해설] 足袋：たび 일본식 버선

10) ② 　[해설] 梅雨：つゆ 장마. 음독하면 ばいう임

11) ② 　[해설] 投網：とあみ 투망

12) ② 　[해설] 笑顔：えがお 웃는 얼굴　笑み(えみ)：웃음. 미소

13) ① 　[해설] 雪崩：なだれ 눈사태

14) ① 　[해설] 波止場：はとば 선창. 부두

15) ① 　[해설] 猛者：もさ 맹자. 수완가

16) ① 　[해설] 土産：みやげ 토산물. 남의 집 방문할 때의 선물

17) ② 　[해설] 乳母：うば 유모

18) ② 　[해설] 母屋：おもや 건물 중앙의 주요 부분. 안채. 본가

19) ① 　[해설] 時雨：しぐれ (늦가을부터 초겨울에 걸쳐 오는)한차례 지나가는 비
　　　　　　 五月雨：さみだれ 음력 5월경에 오는 장마

20) ① 　[해설] 田舎：いなか 시골　田畑：たはた 논밭

2. 1) かじ 　[해석] 옛날에는 마을에 대장장이가 있었다.

　 2) しっぽ 　[해석] 다람쥐는 나무 위에서 꼬리를 빳빳하게 세우고 있다.

　 3) しにせ 　[해석] 노포여서 세련된 공간에서 특별한 한 때를 보낸다.

　 4) かたず 　[해석] 시합 결과가 궁금해서 침을 삼키며 TV를 보고 있다.

　 5) すきや 　[해석] 자연 소재로 지어진 차실은 따뜻함을 느끼게 한다.

　 6) やよい 　[해석] 음력 3월을 야요이라고 한다.

　 7) まじめ 　[해석] 그녀는 일에 성실하게 임하고 있다.

　 8) のりと 　[해석] 노리토라는 것은 신을 제사 지내고 신에게 빌 때 낭독하는 옛 문체의 문장이다.

　 9) わこうど 　[해석] 젊은이들의 정열이 미래를 개척한다.

　 10) なこうど 　[해석] 중매인은 두 사람의 인연을 깊게 하는 중요한 역할을 맡고있다.

3. 1) くろうと 　[의미] 전문가. 화류계 여성

　 2) おとめ 　[의미] 처녀

　 3) ゆかた 　[의미] 목욕을 한 뒤 또는 여름철에 입는 무명 홑옷

　 4) ざこ 　[의미] 잡어. 송사리

　 5) でこぼこ 　[의미] 요철. 울퉁불퉁. 불균형

　 6) なごり 　[의미] 자취. 추억. 기념. 그 모습. 석별. 미련

　 7) もめん 　[의미] 무명. 솜

　 8) いぶき 　[의미] 숨결. 기풍. 생기

　 9) しばふ 　[의미] 잔디

　 10) かわせ 　[의미] 환율. 환어음

　 11) あま 　[의미] 해녀

　 12) かぐら 　[의미] 신에게 제사 지낼 때 연주하는 무악

　 13) おみき 　[의미] 신불 앞에 올리는 술

14) ふぶき 〔의미〕 눈보라
15) ひより 〔의미〕 날씨. 좋은 날씨. 형편
16) くだもの 〔의미〕 과일
17) さなえ 〔의미〕 못자리에서 옮겨 심을 무렵의 묘
18) かや 〔의미〕 모기장
19) やまと 〔의미〕 일본의 다른 이름
20) いちげんこじ 〔의미〕 일언거사. 무슨 일에나 말참견 않고는 못 배기는 사람

4. 1) コ 早乙女 〔의미〕 모내기 하는 처녀. 소녀
   2) ウ 伝馬船 〔의미〕 짐 나르는 거룻배
   3) キ 白髪 〔의미〕 흰 머리
   4) カ 稚児 〔의미〕 신사나 사찰의 축제 때의 행렬에 때때옷을 입고 참가하는 어린이
   5) ア 八百長 〔의미〕 미리 짜고서 하는 엉터리 시합
   6) ク 寄席 〔의미〕 사람을 모아 돈을 받고 재담, 만담, 야담 등을 들려주는 대중적 연예장.
       落語를 듣는 곳
   7) イ 五月雨 〔의미〕 음력 5월 경에 오는 장마
   8) オ 七夕 〔의미〕 칠월칠석
   9) ケ 砂利 〔의미〕 자갈. (속)어린이
   10) エ 海原 〔의미〕 넓고 넓은 바다. 창해
   11) シ 硫黄 〔의미〕 유황
   12) タ 浮気 〔의미〕 바람기. 변덕
   13) セ 景色 〔의미〕 경치
   14) チ 風邪 〔의미〕 감기
   15) テ 清水 〔의미〕 (샘솟는)맑은 물
   16) ツ 師走 〔의미〕 (음력) 12월
   17) サ 相撲 〔의미〕 스모 [일본씨름]
   18) ソ 築山 〔의미〕 석가산
   19) ト 最寄 〔의미〕 가장 가까움. 근처
   20) ス 八百屋 〔의미〕 야채가게. 야채장수

저 자 약 력

▌정 현 혁 (鄭炫赫)

1993년 한국외국어대학교 일본어과 졸업
1995년 한국외국어대학교대학원 일어일문학과 졸업(문학석사)
2007년 와세다(早稲田)대학대학원 문학연구과 졸업(문학박사)

현 재 사이버한국외국어대학교 일본어학부 교수
       일본어학(일본어사) 전공

논문 및 저서

「キリシタン版国字本の文字・表記に関する研究」
「吉利支丹心得書の仮名遣い―和語を中心に―」
「慶応義塾図書館蔵『狭衣の中将』の使用仮名」
『뉴 스마트 일본어』
『한국인을 위한 일본어 발음』
『일본어학의 이해』
『일본어 첫걸음』
『미디어 일본어』
『일본어 한자기초 1026』
등 다수

한국 한자음으로 쉽게 배우는 **일본 상용한자**

초 판 인 쇄 2025년 02월 27일
초 판 발 행 2025년 03월 05일

저   자 정현혁
발 행 인 윤석현
발 행 처 제이앤씨
책 임 편 집 최인노
등 록 번 호 제7-220호

우 편 주 소 서울시 도봉구 우이천로 353 성주빌딩 3층
대 표 전 화 02) 992 / 3253
전   송 02) 991 / 1285
홈 페 이 지 http://www.jncbms.co.kr
전 자 우 편 jncbook@hanmail.net

ⓒ 정현혁 2025 Printed in KOREA.

ISBN 979-11-5917-256-4   13730   정가 17,000원